ATRIUM

Joshua Piven & David Borgenicht

ÜBERLEBEN

Der Ratgeber

Illustrationen von Brenda Brown

Aus dem Amerikanischen von Olaf Kanter

Atrium Verlag · Zürich

MIX
Papier aus verantwortungsvollen Quellen
FSC
www.fsc.org
FSC® C083411

Deutsche Erstausgabe
1. Auflage

Die Originalausgabe erschien 2006 unter dem Titel
The Worst-Case Scenario Survival Handbook: Life
bei Chronicle Books, San Francisco

Illustrations by Brenda Brown

Aus dem Amerikanischen von Olaf Kanter
Satz: Greiner & Reichel, Köln
Druck und Bindung: CPI – Clausen & Bosse, Leck
Printed in Germany 2014
ISBN 978-3-85535-596-9

www.atrium-verlag.com

☞ WARNUNG

Wenn die Lage wirklich heikel ist oder gar Lebensgefahr droht, steht man schnell auf dem Schlauch. Um die vielen kritischen Szenarien zu meistern, die wir in diesem Buch schildern, empfiehlt es sich, Expertenrat einzuholen. Darauf würden wir sogar bestehen. Allerdings sind Fachleute oft gerade dann nicht erreichbar, wenn es brenzlig wird und Leib oder Leben in Gefahr geraten. Deshalb haben wir ebendiese Experten gebeten, uns zu erklären, wie sie in den beschriebenen Situationen handeln würden, was ihr Rat in so einer Notlage wäre.
VERLAG, AUTOREN UND DIE BEFRAGTEN FACHLEUTE ÜBERNEHMEN JEDOCH KEINE VERANTWORTUNG für Schäden oder Verletzungen, die bei der Befolgung der Ratschläge in diesem Buch entstehen können – seien sie korrekt angewendet oder nicht. Alle Antworten in diesem Buch stammen von ausgewiesenen Experten, aber wir können keine Garantie dafür geben, dass ihre Ratschläge für die beschriebenen Szenarien vollständig und fehlerfrei sind – oder dass ihre Befolgung in jedem Fall ohne Risiko ist. Auch der beste Ratgeber ist kein Ersatz für den gesunden Menschenverstand.
Außerdem sei noch einmal ausdrücklich darauf hingewiesen, dass nichts in diesem Ratgeber als Aufforderung ausgelegt werden darf, die Rechte anderer Menschen zu verletzen oder gegen bestehende Gesetze zu verstoßen. Wir gehen davon aus, dass man sich bei der Anwendung unserer Vorschläge an die Gesetze hält und die Rechte anderer – einschließlich der Eigentumsrechte – zu jeder Zeit wahrt.

Die Autoren

☞ INHALT

»UNGEMACH IST DER GEMEINSAME NENNER DES LEBENS. VOR IHM SIND ALLE GLEICH.«

Søren Kierkegaard

»IRGENDWAS IST DOCH IMMER. UND WENN ES NICHT DAS EINE IST, DANN EBEN DAS ANDERE.«

Roseanna Roseannadanna

☞ EINLEITUNG

So ist das Leben eben: eine Kette von unvorhersehbaren Ereignissen, die sich oft nicht beeinflussen lassen. Es ist im Prinzip egal, wie gründlich man sich vorbereitet, wie viele Vorräte man bunkert oder wie ausgeklügelt die Pläne sind, die man vorher ausgeheckt hat. Am Ende ist das einzig Verlässliche das Unberechenbare.

Wir halten trotzdem weiter an dem Gedanken fest, dass wir schon alles irgendwie in den Griff bekommen. Wir glauben, dass wir es mit verlässlichen Größen zu tun haben und wir die Dinge so verbessern können, dass sie uns das Leben angenehmer machen und eine schönere Zukunft versprechen. Von dieser Annahme hat sich der Mensch leiten lassen, seit er den aufrechten Gang gelernt hat. Wir haben große Anstrengungen unternommen, immer noch raffiniertere Fallen für die Mammuts in unserem Leben zu bauen. Alle großen Erfindungen und Entdeckungen, auch die zufälligen, gehen auf das menschliche Streben zurück, mit weniger Aufwand mehr zu erreichen. Das Feuer, das Rad oder das Zähmen der Tiere sind allesamt Beispiele für das Bemühen, sich das Leben zu erleichtern.

Dabei übersieht der Mensch in der Regel eines: Mit jeder neuen Erfindung oder Optimierung schafft er einen neuen Kosmos unberechenbarer Komplikationen. Während er sich nicht darauf verlassen konnte, dass der bisherige Weg ihn sicher zum Ziel führte, gab es plötzlich auch noch neue Dinge, die schiefgehen konnten. Noch mehr potenzielle Fallstricke, denen er irgendwie ausweichen musste. Und zwar in allen Lebensbereichen.

Wie soll die Menschheit in diesem Teufelskreis der zunehmenden Komplikationen bloß bestehen?

Das Buch, das Sie gerade in der Hand halten, ist die Antwort: ein Handbuch zum Überleben widrigster Umstände. »Worst-Case Scenario« sagt man im Englischen dazu, was bedeutet: Schlimmer kann es nicht kommen.

Dieses Buch enthält die Antworten auf die Fragen, die solche Situationen an uns stellen. Wenn der Alltag so richtig aus dem Ruder läuft, wenn es katastrophal schiefgeht, weiß dieser kleine Helfer in über sechshundert Fällen schnellen Rat. Sie gehen die Straße entlang, denken sich nichts Böses – und plötzlich werden Sie von einem Hund attackiert. Sie bekommen aus heiterem Himmel einen mörderischen Schluckauf. Ihre Katze sitzt auf einem Baum und will nicht wieder runter. Oder Sie laufen jemandem in die Arme, der eine Überdosis Aphrodisiakum intus hat.

Die Liste der möglichen Probleme, die uns täglich begegnen können, ist endlos.

In diesem Ratgeber sind sie alle versammelt, die größeren und kleineren Kalamitäten unseres Alltags. Es gibt ein Kapitel zur Ersten Hilfe in Gesundheitsfragen und eines über Aussehen und Fitness; das Buch befasst sich mit Problemen beim Heimwerken und mit dem Ärger, den einem Haustiere bescheren können. Es weiß Rat in beruflichen Fragen, bei Sport und Hobby, es hilft einem aus der Patsche, wenn es in der Küche nicht klappt, und gibt Tipps, wie sich Beziehungskrisen lösen lassen. Selbstverständlich kann man hier auch nachschlagen, was zu tun ist, wenn einem im Urlaub sonderbare Dinge widerfahren; auf der großen Reise durch die Phasen des Lebens bewahrt es einen vor dem einen oder anderen Fehltritt. Dieses Buch ist womöglich das einzige überhaupt, das einem das Leben retten kann, die Ehe, Haus und Hof, den Hund, den Job *und* das Abendessen.

Einfach das entsprechende Kapitel lesen oder im Register nachschlagen, wenn ein akutes Problem vorliegt. Oder jeden Tag ein paar Einträge studieren, um widrige Situationen gegebenenfalls aus dem Stand meistern zu können. Mit diesem Buch sind Sie einfach besser auf die Überraschungen vorbereitet, die das Leben für jeden von uns bereithält.
Wie schon eingangs in der Warnung gesagt, stammen alle Ratschläge von ausgewiesenen Fachleuten: Ärzten, Kosmetikern, Survivalexperten, Sportwissenschaftlern, Physiotherapeuten, Psychologen, Stuntmännern und sogar FBI-Agenten. Wer an diesem Buch mitgewirkt hat, kennt die Katastrophen des Alltags aus erster Hand – und weiß, wie man sie überlebt.
Wir haben zwar keine Kontrolle über das Unvorhersehbare, aber wir können uns wenigstens darauf vorbereiten. Man darf sich niemals in Sicherheit wiegen, Wachsamkeit ist das oberste Gebot. Immer wieder geschehen einem Dinge, die noch niemandem vorher passiert sind. Deshalb versuchen wir, unsere Ratschläge beständig zu aktualisieren, und empfehlen dringend, sich auf www.worstcasescenario.com auf den neuesten Stand zu bringen. Und bitte sofort melden, wenn Sie in eine Situation geraten sind, die noch nicht in diesem Buch steht.

Wir müssen uns gegenseitig helfen. Es ist ein Dschungel da draußen. Und wir stecken mittendrin.

Die Autoren

KAPITEL 1

☞ ZU HAUSE

☞ WÄNDE

▪ *Farbe verschüttet*

Mit einem Löffel oder einem Stück Pappe so viel vom Boden kratzen wie möglich. Bei Acrylfarben großzügig mit Wasser einweichen und dann mit einem sauberen Tuch aufnehmen und abtupfen. Wiederholen, bis die Farbe komplett entfernt ist. Bei Farben auf Ölbasis statt Wasser ein benzinhaltiges Lösungsmittel wie Terpentinersatz verwenden.

▪ *Loch in einer Rigipswand*

Die zackigen Ränder des Lochs mit einem Teppichmesser begradigen, sodass eine rechteckige oder quadratische Öffnung entsteht. Ausmessen und ein entsprechend großes Ersatzstück aus einer Gipskartonplatte schneiden. Ins Loch einsetzen und Fugen erst mit Malerkrepp überkleben und dann mit einer dünnen Schicht Spachtelmasse abdecken. Trocknen lassen, glatt schleifen und in der gewünschten Farbe übermalen.

▪ *Regal oder Halterung lose*

Das wackelige Regal von der Wand abmontieren. Alte Dübel entfernen und für den Untergrund optimale Anker in die Löcher einsetzen. Bei Rigipswänden halten am besten Einschraubhülsen, die sich mit ihrem Gewinde in die Gipskartonplatte einschneiden, oder Hohlraumdübel, die hinter der Wand ausklappen. In Betonwänden und bei starker Belastung müssen es schon Schwerlastdübel aus Metall sein. In normalem Mauerwerk sind Spreizdübel aus Kunststoff die richtige Wahl.

Bild hängt schief

Wenn das Kunstwerk an einem Bilderdraht hängt: Wasserwaage auf den Rahmen legen, das Bild mit beiden Händen greifen und verschieben – nach links, wenn die rechte Ecke weiter nach oben soll; nach rechts, wenn die linke Ecke zu tief hängt. Hängt der Rahmen an einem Nagel oder einem Haken, Bild von der Wand nehmen und mithilfe der Wasserwaage einen zweiten Nagel auf gleicher Höhe in die Wand schlagen. Kunstwerk wieder aufhängen.

Blut rinnt aus den Wänden

Da hilft nur eins: Sofort den Teufelsaustreiber rufen – und sich ein Kreuz um den Hals hängen. Solange das Blut nur sickert, Handschuhe anziehen und das betroffene Areal mit Tüchern abwischen. Am besten wirkt eine Lösung, die zu einem Teil aus Weihwasser und zu vier Teilen aus Leitungswasser besteht. Wenn das Blut in Strömen fließt und das Bett über dem Boden schwebt, ist es höchste Zeit, das Haus zu verlassen. Erst wieder betreten, wenn ein Priester anwesend ist.

FUSSBÖDEN

Fliesen lose

Fugenmasse mit einer spitzen Feile entfernen, dann neu verfugen. Bei kleinen Fliesen – bis zu einer Fläche von 25 Quadratzentimetern – hält das schon. Bei größeren

Fliesen ebenfalls die Fugenmasse entfernen, die Fliese vorsichtig vom Boden lösen und den Kleber auf der Rückseite komplett entfernen. Mit handelsüblichem Fliesenkleber wieder einsetzen, Kleber aushärten lassen und dann neu verfugen.

Wasserschaden

Möbel und technisches Gerät aus dem betroffenen Zimmer oder der gefluteten Etage entfernen, sobald es die Umstände zulassen. Mobiliar gründlich trocknen und elektrische Geräte von einem Fachmann prüfen lassen, bevor sie wiederverwendet werden. Überhaupt müssen die gesamte Elektrik und alle Rohrleitungen im Haus begutachtet werden. Für die erste Grundreinigung reichen heißes Wasser und ein normaler Haushaltsreiniger. Um auch Keime abzutöten, eine Lösung aus Chlorbleiche und Wasser ansetzen (zwei Esslöffel Bleiche auf einen Liter Wasser). Das Haus sollte außerdem von einem Gutachter oder dem Schadenssachbearbeiter der Versicherung auf Schimmel untersucht werden.

Knarzende Dielen

Seifenpulver oder Talkum in die Spalten rund um das knarzende Dielenbrett streuen. Mit der Kante einer festen Pappe in der Spalte festdrücken. Prüfen, ob das Problem behoben ist – und Prozedur bei Bedarf wiederholen. Bei älteren Dielenbrettern, die noch genagelt sind, Nägel entfernen und durch neue ersetzen, die geringfügig dicker sind.

Boden eingestürzt

Arme ausstrecken, um das eigene Gewicht möglichst weit auf dem noch vorhandenen Boden zu verteilen. Handflächen aufsetzen und vorsichtig nach oben drücken und weg vom Loch. Wenn man schon bis zur Hüfte oder noch tiefer im Krater hängt, nach vorn beugen und das Gewicht auf die Unterarme verlagern. Hochdrücken und versuchen, den Körper aus dem Loch zu ziehen, so weit es geht. Systematisch vorarbeiten, bis man sich ganz aus dem Loch befreit hat. Dabei nicht an Tischbeinen oder Stühlen festhalten oder mit den Beinen strampeln.

☞ FLECKEN IM TEPPICH

Rotwein

Wein mit saugfähigem Tuch oder Küchenpapier abtupfen. Fleck mit Mineralwasser oder kaltem Leitungswasser einweichen und weiter abtupfen, bis sich das Tuch nicht mehr rot färbt. Wenn sich der Fleck nicht komplett entfernen lässt, mit einer Paste aus Borax oder Backnatron und Wasser behandeln (drei Teile Pulver, ein Teil Wasser). Paste mit einer alten Zahnbürste in den Teppich massieren und trocknen lassen. Staubsaugen und den Vorgang wiederholen, bis der Fleck verschwunden ist oder nicht weiter verblasst.

Bleichmittel

Fleck sofort mit einem Schwamm und kaltem Wasser abwaschen, um so viel Säure aufzunehmen wie möglich. Dann aus Backnatron und Wasser eine Paste anrühren (drei Teile Pulver, ein Teil Wasser), mit einer alten Zahnbürste in den Teppich schmieren und trocknen lassen. Staubsaugen und den Vorgang wiederholen, bis sich der Fleck nicht weiter entfernen lässt.

Fett, Öl

Mit einem stumpfen Messer oder einem Löffel so viel wegschaben wie möglich. Die verbleibende Flüssigkeit mit einem saugfähigen Tuch abtupfen. Mit einer alten Zahnbürste Rasierschaum in den Teppich massieren. Schaum mit feuchtem Lappen aufnehmen, dann noch einmal mit Schwamm und kaltem Wasser abwaschen. Wenn der Fleck noch nicht verschwunden ist, mit Flüssigkeit aus der chemischen Reinigung nachbearbeiten – dabei aber nicht so tief einreiben, dass die Teppichbeschichtung auf der Rückseite aufgeweicht wird. Danach noch einmal mit einem feuchten Tuch abwischen.

! *Blut*

Mit einem stumpfen Messer oder Löffel so viel Blut aufnehmen und abschaben wie möglich. Den verbleibenden Fleck mit einem saugfähigen Lappen auftupfen. Flüssigwaschmittel und Wasser zu einer schaumigen Mischung anrühren und Fleck mit einem Schwamm bearbeiten. Wenn er sich so nicht entfernen lässt, ein mildes Bleichmittel verwenden – etwa Zitronensaft oder Wasserstoffperoxid. Teppich dabei aber nicht mit dem Bleichmittel tränken – nur an der Oberfläche arbeiten! Zum Schluss mit kaltem Wasser abwischen. Prozedur wiederholen, bis der Fleck verschwunden ist.

☞ ROHRLEITUNGEN

! *Keller unter Wasser*

Wenn der Pegel nicht mehr als zwei, drei Zentimeter beträgt, Wasser mit einem Nass-Trocken-Sauger aufnehmen. Bei einer größeren Wassermenge braucht man eine Pumpe. Keller mit professionellem Kondensationstrockner gründlich trocknen und den Schaden von einem Fachmann untersuchen lassen. Achtung: In Hohlräumen unter dem Fußboden bleibt leicht Wasser stehen, dort kann sich Schimmel bilden. Möglicherweise muss der Fußboden komplett saniert werden. Dasselbe gilt auch für die Elektrik und Heizungsinstallationen – erst alles gründlich prüfen lassen, bevor es wieder in Betrieb genommen wird.

! *Wasserleitung zugefroren*

Jeweils einen Wasserhahn nach dem anderen aufdrehen, um die zugefrorene Leitung ausfindig zu machen. Sowie die blockierte Leitung lokalisiert ist, den Hauptzulauf schließen, damit es nicht zu einem Wasserschaden kommt, falls die betroffene Leitung vom Frost gesprengt worden ist. Wasserleitung mit einem Föhn auftauen, dann Haupthahn wieder öffnen.

! *Rohr geplatzt*

Sofort Hahn der Hauptwasserleitung zudrehen und vorsichtshalber auch die Hauptsicherung ausstellen. Alle Wasserhähne im Haus aufdrehen, bis sämtliche Leitungen leer sind. Bruchstelle lokalisieren. Dann entweder das Leck mit einer speziellen Rohrbruchschelle abdichten oder betroffene Sektion mit einer Rohrschneidezange oder Säge herausschneiden. Grate mit der Feile glätten. Ersatzstück einpassen und mit zwei Muffen befestigen. Wasser anstellen und prüfen, ob das Rohr dicht ist.

! *Waschbecken verstopft*

Geschirr aus dem Waschbecken nehmen. Klostopfer zur Hand nehmen – die offizielle Bezeichnung lautet übrigens Toilettensauger oder Saugglocke. Diesen »Pümpel« so ansetzen, dass die Gummiglocke den Abfluss komplett umschließt und sich richtig festsaugen kann. Dann mehrmals kräftig nach unten drücken und nach oben ziehen. Lässt sich die Blockade damit nicht beseitigen, bleiben zwei Möglichkeiten: Entweder von oben mit einer Reinigungsspirale oder einem anderen langen Draht bohren – oder den Siphon unter dem Waschbecken aufschrauben und säubern. Chemische Rohrreiniger sind auch eine Möglichkeit, allerdings enthalten diese stark ätzende alkalische Substanzen, die die Rohre angreifen.

! *Ring im Abfluss verschwunden*

Wasserhahn abstellen und den Siebeinsatz des Waschbeckens entfernen. Mit einer Taschenlampe in den Abfluss leuchten. Wenn der Ring zu sehen ist, aus einem Draht (zur Not geht ein Kleiderbügel) einen Haken biegen und das gute Stück herausfischen. Ist der Ring nicht zu sehen, mit einer Rohrzange den Siphon (das u-förmige Rohr unter dem Waschbecken) aufschrauben. Gummihandschuhe anziehen, den Bodensatz aus dem Siphon in einen Eimer schütten und nach dem Ring suchen. Falls der Ring nicht im Eimer ist, ist er futsch.

! *Handy im Klo*

Da hilft nur ein beherzter Griff ins Becken. Wem das zu unappetitlich ist: Hand in eine Plastiktüte stecken und Handy aus dem Wasser fischen. Auf keinen Fall probeweise einschalten! Rückseite entfernen, Akku und SIM-Karte herausnehmen. Sofern möglich, auch vordere Abdeckung und Tastatur abmontieren und alle Teile gründlich unter dem Wasserhahn oder – noch besser, weil frei von Salzen und Verunreinigungen – mit destilliertem Wasser abspülen. Abdeckungen und Tastatur mit Alkohol oder Peressigsäure desinfizieren. Danach Einzelteile mit dem Föhn mindestens zehn Minuten gründlich trocknen, dabei aber Abstand halten, damit das Telefon nicht heiß wird. Alle Teile eine Nacht oder auch länger trocknen lassen. Zusammensetzen, einschalten und das Beste hoffen.

! *Klospülung läuft und läuft*

Als erste Notmaßnahme das Absperrventil des Wasserzulaufs schließen und immer nur dann öffnen, wenn die Toilette benutzt wird. Um das Problem zu beheben, Abdeckung des Spülkastens öffnen: Meistens liegt es an der Dichtung am Abfluss des Kastens, wenn das Wasser läuft und läuft. Dichtungsklappe mit der Hand fest auf den Abfluss pressen und prüfen. Wenn der Wasserfluss versiegt, ist die Dichtung alt und hart – und muss erneuert werden. Läuft die Toilette auch bei Druck auf die Dichtung weiter, muss möglicherweise die gesamte Spültechnik ersetzt werden.

☞ STROM UND GAS

! *Sicherung rausgeflogen*

Zwei verschiedene Techniken schützen das Stromnetz vor Überlast oder Kurzschluss: entweder herkömmliche Schmelzsicherungen oder Schmelzstöpsel – oder ein moderner Leitungsschutzschalter. Wenn die Sicherung »rausfliegt«, im Sicherungskasten nachsehen, welcher Typ installiert ist. Bei den Schaltern genügt es, den Kipphebel umzulegen. Wenn er sofort wieder zurückklappt, ist das defekte Gerät noch am Netz. Also erst entfernen, dann Schalter erneut umlegen. Eine durchgebrannte Schmelzsicherung erkennt man an dem geschwärzten Sichtglas; bei Schmelzstöpseln wird der farbige Kennmelder ausgeworfen. Herausschrauben und durch Sicherung der passenden Ampere-Stärke ersetzen.

! *Gasgeruch*

Alle Türen und Fenster öffnen. Prüfen, ob Kochstellen und Backofen ausgeschaltet sind und die Pilotflamme (nur bei älteren Modellen) noch brennt. Ist die Flamme erloschen, sollte die Zündsicherung dafür sorgen, dass die Gaszufuhr automatisch unterbrochen wird. Selbst wenn das Problem schnell zu erkennen ist, das Haus eine Weile verlassen, bis es gut durchgelüftet ist. Ist die Ursache nicht auf Anhieb feststellbar, den Gasversorger verständigen und draußen auf die Techniker warten.

! *Haustier nagt Kabel an und steht unter Strom*

Tier nicht anfassen! Hauptschalter am Sicherungskasten auf »Aus« stellen. Mit einem Besenstiel das Tier vom angenagten Stromkabel trennen. Prüfen, ob noch ein Puls zu spüren ist. Haustier sofort zum Tierarzt bringen – sofern es noch lebt.

Zerbrochene Glühbirne in der Fassung

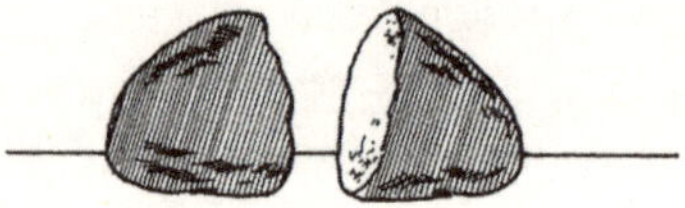

Eine Kartoffel in zwei Hälften schneiden.

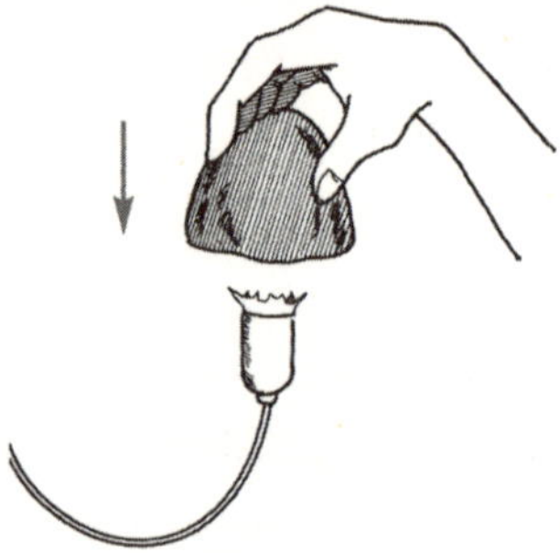

Stromverbindung zur Lampe unterbrechen, am besten die Sicherung ausschalten. Dann eine Kartoffelhälfte fest auf die zersplitterte Birne drücken.

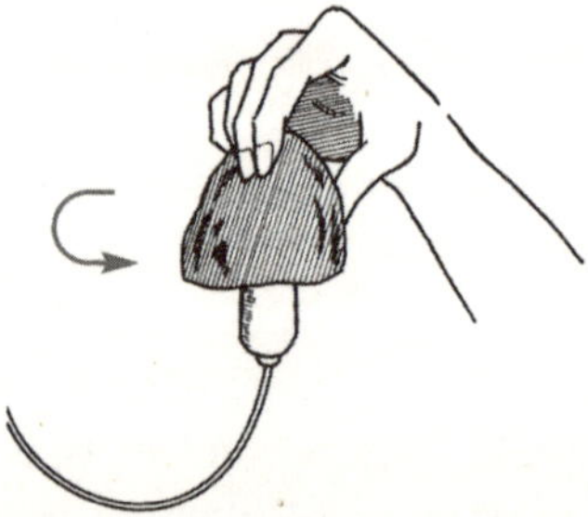

Die Kartoffel nach links – gegen den Uhrzeigersinn – drehen, um die Birne aus der Fassung zu schrauben.

Klimaanlage streikt bei Hitze

Sicherung prüfen – die Klimaanlage sollte einen eigenen Schutzschalter haben. Wenn die Sicherung ausgeschaltet oder rausgeflogen ist, wieder einschalten. Gibt es für die Kühltechnik keine separate Sicherung, andere, gerade nicht benötigte Geräte ausschalten und die Klimaanlage wieder starten. Wenn das System nicht anspringt, bleibt nur dies: Fenster auf, nur noch in den unteren Etagen aufhalten und zur Not die Füße in einen Bottich mit kaltem Wasser stecken.

Heizung setzt im Winter aus

Bei Gasheizung: Pilotflamme prüfen. Wenn sie nicht mehr brennt, wieder anzünden. Springt die Flamme nicht wieder an, Gasflamme auf dem Herd in der Küche testen, um zu sehen, ob überhaupt Gas im Haus ankommt. Wenn die Brenner zünden, steht zwar die Gasversorgung – aber dann muss sich ein Fachmann die Heizungsanlage ansehen. Wenn der Boiler funktioniert, aber die Zimmer nicht warm werden, Heizkörper entlüften.

Bei Ölheizung und elektrischen Anlagen: Gleich den Fachmann rufen und sich in der Zwischenzeit mit dicken Pullovern, Wollmützen und Schals behelfen.

☞ MÖBEL

❚ *Stuhlbein abgebrochen*

Einen Klostopfer als Ersatzbein unter den Stuhl schrauben oder nageln. Wenn nötig, auf die entsprechende Höhe zurechtsägen. Oder die Radikallösung: Alle Stuhlbeine entfernen und den Stuhl auf einen umgedrehten Eimer platzieren. Und dann schön vorsichtig hinsetzen.

❚ *Matratze quietscht*

Matratze umdrehen und prüfen, ob sie immer noch quietscht. Oder rotieren – also das Fußende zum Kopf drehen. Wenn sie trotzdem keine Ruhe gibt, ein Telefonbuch oder ein dickes Brett bei der Geräuschquelle unter die Matratze legen. Das sollte helfen, die Sprungfedern ein wenig zu komprimieren und das Quietschen zu reduzieren.

❚ *Wasserbett hat ein Leck*

Einen großen Pappkarton platt machen und unter das Wasserbett schieben. Ein paar Minuten auf die Matratze legen, dann prüfen, wo die Pappe feucht wird – dort ist das Leck. Schwachstellen sind in der Regel die Seitennähte oder die Ecken. Wasser ablassen und Leck trocknen. Dann mit Flickzeug vom Fahrrad oder Schlauchboot abdichten. Matratze ein paar Stunden nicht benutzen, bis der Kleber hält.

Eingeklemmt im Klappbett

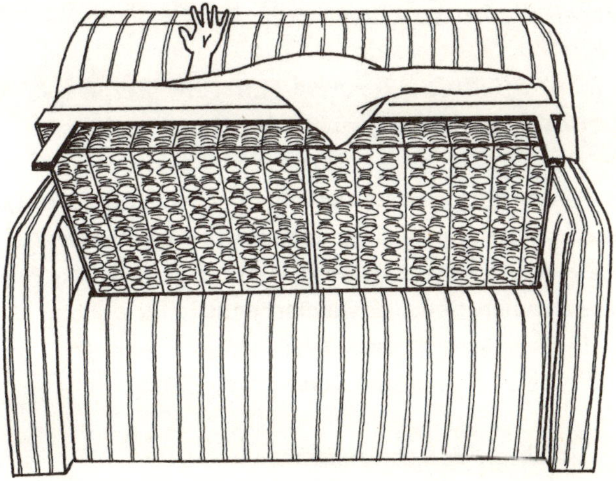

Den oberen Rand der Matratze oder der Rückenlehne mit den Armen greifen und den Unterkörper aus dem Bereich ziehen, wo das Bett zusammenklappt. Wenn die Arme eingeklemmt sind, mit den Fersen gegen die Matratze stemmen, um die Falle so weit zu öffnen, dass man sich zum Kopfende des Betts schlängeln kann. An der Seitenlehne oder dem Ende der Matratze ins Freie ziehen.

☞ FENSTER

Mit Farbe zugemalt

Spachtel oder Teppichmesser in den Spalt zwischen Fenster und Rahmen stecken und mit der Klinge durch die überschüssige Farbe schneiden, die den Spalt verkleistert. Fenster mit wohldosiertem Druck öffnen. Falls es sich nicht öffnen lässt, mit einem Gummihammer leicht auf den Rahmen klopfen, um diesen von der Farbe zu lösen.

Mit Fuß, Bein oder Arm Fensterscheibe eingeschlagen

Betroffenen Körperteil nicht sofort wieder aus der Scheibe ziehen, sondern erst vor Schnittverletzungen schützen: Eine Vase über die Hand, ein Handtuch oder eine Decke um Arm oder Bein wickeln – dann vorsichtig aus der Scheibe ziehen. Nicht versuchen, die restlichen Scherben zu entfernen, es besteht Verletzungsgefahr durch Glassplitter.

Vorhänge fangen Feuer

Fenster öffnen, Vorhänge aus den Schienen reißen und nach draußen werfen – sofern das ohne weitere Gefahr zu machen ist. Wenn sich das Fenster nicht öffnen lässt oder die Gefahr besteht, dass man sich Brandverletzungen zuzieht oder die Flammen draußen einen weiteren Brand auslösen, Flammen mit einem Eimer Wasser oder mit dem Feuerlöscher bekämpfen.

DRAUSSEN

Regenrinne verstopft

Blätter und sonstige Ablagerungen aus der Regenrinne kratzen – mit einer Harke, einem Besen oder mit den Händen (Handschuhe nicht vergessen). Damit die Rinnen nicht wieder verstopfen: Alle Fallrohre mit einem Laubfallkorb versehen und die Regenrinnen mit Maschendraht abdecken.

Dach undicht

Loch mit einer Sperrholzplatte verschließen und die Holzplatte zusätzlich mit einer strapazierfähigen Plastikplane abdecken. Holzlatten über alle vier Seiten der Plane legen und festnageln. So wenig Nägel wie möglich verwenden, um nicht mehr Löcher in die Plane zu schlagen als absolut nötig. Ein Nagel alle fünfzig Zentimeter reicht. Lecke Verbindungen an aus dem Dach ragenden Lüftungsrohren oder Ähnlichem mit Dichtungsmasse versiegeln.

Ausgesperrt

Nach Fenstern suchen, die nicht verschlossen und verriegelt sind. Wenn sich kein Fenster aufhebeln lässt und auf die Schnelle kein Schlüsseldienst erreichbar ist, eine Fensterscheibe einschlagen. Möglichst kleines Fenster wählen (weil ein Ersatz weniger kostet) – es muss nur so groß sein, dass man gut hindurchpasst. Vorsichtig durch das Loch im Glas greifen und das Fenster öffnen. Nicht durch die zersplitterte Scheibe klettern!

In den leeren Pool gefallen

Erst einmal ruhig liegen bleiben. Vorsichtig Arme und Beine bewegen, um sicherzugehen, dass nichts gebrochen ist; vielleicht hat Laub auf dem Grund des Pools den Sturz ein wenig abgefedert. Fühlt man sich nach dem Sturz benommen oder schwindelig, langsam aufsetzen. Zum flachen Ende des Pools gehen oder kriechen und aus dem Becken heraussteigen. Wenn man sich nicht bewegen kann, mit dem Handy Hilfe alarmieren oder laut rufen, bis einen die Nachbarn hören.

Neugierige Nachbarn

Einen Zaun als Sichtschutz bauen, mindestens 1,80 Meter hoch. Die Abstände zwischen den einzelnen Latten sollten nicht mehr als einen Zentimeter betragen.

☞ IM GARTEN

Kaninchen im Gemüsebeet

Getrocknete rote Chilischoten mit Mörser und Stößel zu einem feinen Pulver mahlen. Das rote Pulver über die Gemüsepflanzen streuen. Nach dem Gießen und starken Regenfällen erneut anwenden. Gemüse vor dem Verzehr gründlich waschen.

❚ *Eichhörnchen klaut Vogelfutter*

Loch in eine große, glatte Salatschüssel aus Edelstahl bohren. Den Draht, an dem das Vogelhäuschen hängt, durch das Loch führen und die Schüssel so aufhängen, dass sie wie ein Schirm über dem Vogelhäuschen hängt. Jetzt nur noch darauf achten, dass sich die Futterstation hoch genug über dem Boden befindet und keine anderen Gegenstände darunter stehen, die den Räubern als Sprungbrett dienen könnten. Denn von oben kommen die Eichhörnchen jetzt nicht mehr an das Vogelfutter heran.

❚ *Rasensprenger verstopft*

Wasser abstellen. Die Schraube, die den Radius reguliert, ganz aufdrehen. Die Spritzdüse entfernen und allen sichtbaren Schmutz entfernen. Auch das Sieb unter der Düse herausnehmen und gründlich säubern. Dann das Wasser kurz laufen lassen, um den Schlauch durchzuspülen. Wasser wieder aus, Sieb und Düse einbauen – fertig.

❚ *Waschbären wühlen im Müll*

Vor allem in Hessen und in Brandenburg ein Problem. Abfall nur noch in einen Mülleimer aus Metall werfen und den Deckel mit einem kräftigen Gummizug sichern. Mülleimer einmal in der Woche mit Ammoniak auswaschen. Außerdem rotes Pfefferpulver auf und rund um die Mülltonnen streuen.

Hautkontakt mit Giftefeu

Den betroffenen Bereich mit warmem Wasser abspülen, um so viel von dem Wirkstoff zu entfernen wie möglich. Giftefeu – auch Eichenblättriger Giftsumach genannt – enthält das Allergen Urushiol, das einen juckenden Hautausschlag verursacht. Nach ein paar Minuten das Wasser so heiß drehen, wie es sich gerade noch aushalten lässt. Die Hitze setzt Histamine frei, die wenigstens vorübergehend Linderung bringen. Den Juckreiz später mit Eiskompressen behandeln oder mit einer Kortisonsalbe. Auf keinen Fall mit Seife waschen oder die juckenden Stellen kratzen – so verteilt man die öligen Giftstoffe und den Ausschlag nur.

Wespen umsiedeln

Wespen bauen ihre Nester am liebsten in hohlen Bäumen, siedeln sich aber auch auf dem Dachboden oder im Rollladenkasten an – Hauptsache, es ist dunkel und trocken. Früher hat man Wespen vergiftet und ihr Nest vernichtet, doch das ist heute nach Paragraph 20d Naturschutzgesetz verboten. Erlaubt ist hingegen die Umsiedlung, am besten durch sachkundiges Personal. Wer es selbst machen muss: Dicke Kleidung anlegen, inklusive Imker-Kopfschutz. Frühmorgens oder abends (dann sind die meisten Tiere im Nest) mit einer Sprühflasche Wasser in die Öffnungen spritzen, das macht die Wespen vorübergehend flugunfähig. Nest mit Papiertüte umwickeln, mit einem Spachtel lösen und vorsichtig in einen Karton legen. Mindestens zwei Kilometer vom eigenen Haus entfernt aussetzen.

Baum stürzt bei Sturm aufs Dach

Dach von innen inspizieren – vom obersten Stockwerk oder vom Dachboden. Wenn der Baum tragende Balken beschädigt hat, einen Dachdecker rufen. Ist kein Schaden sichtbar und der Dachboden trocken, Stiefel mit Gummisohle anziehen und aufs Dach klettern (sofern es sich nicht um ein steiles Satteldach handelt). Mit einer Baum- oder Heckenschere erst kleinere Zweige kappen, dann mit einer Bogensäge größere Äste entfernen. Wichtig: Immer oberhalb des Baums arbeiten, nicht von unten. Und niemals mit einer Kettensäge hantieren, wenn man auf einer Leiter steht.

IN DER GARAGE

Regal kippt um

Kopf einziehen und mit den Armen schützen, auf dem Boden zusammenkauern und warten, bis die Lawine aus Kisten und Kästen zur Ruhe kommt. Wenn das Regal kippt, so nahe wie möglich dranbleiben, um nicht von den Dingen getroffen zu werden, die heraus- und herunterfallen.

Kiste klemmt unter Dachsparren fest

Wenn es sich um eine schwere Last handelt: Leiter unter dem Dach aufstellen und hinaufklettern, Kiste vorsichtig an einen Helfer am Boden weiterreichen. Bei einer leichten Kiste und unzerbrechlichem Inhalt eine Matratze unter den festgeklemmten Karton legen. Zwei Besenstiele mit Klebeband zu einer langen Stange verbinden und der Kiste einen kräftigen Stoß geben.

Fledermäuse in der Garage

Helles Licht in der Garage einschalten und ein paar Nächte brennen lassen. Die Fledermäuse verschwinden dann von selbst.

Zu viel Kohlenmonoxid

Garage nicht betreten. Wenn sich bei laufendem Motor zu viel Kohlenmonoxid in der Garage angesammelt hat, erst einmal das Garagentor öffnen, am besten per Fernsteuerung. Lässt sich das Tor nur per Hand aufschieben, unbedingt von außen bedienen. Falls es weitere Türen gibt, auch diese von außen öffnen, ohne die Garage zu betreten. Mindestens fünfzehn Minuten warten, dann hineingehen und den Motor abschalten.

Unter dem Auto eingeklemmt

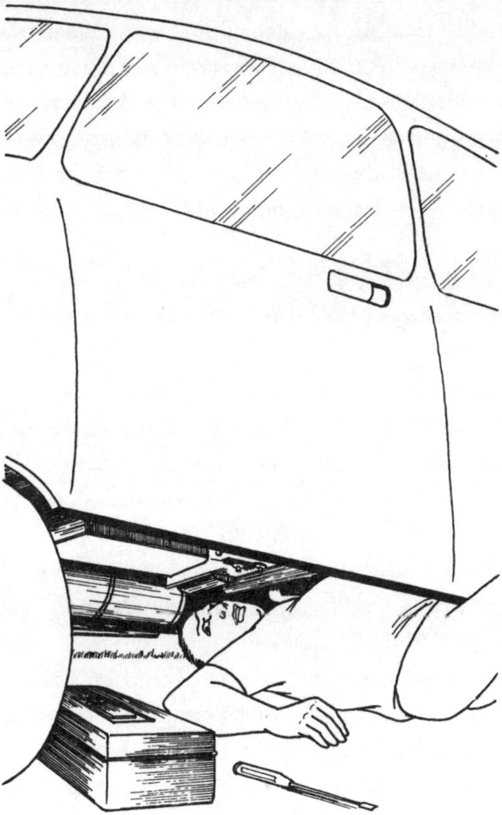

Bauch einziehen, irgendwo am Unterbau des Wagens festhalten und aus der Klemme ziehen. Wenn sich der Bauch nicht lang genug einziehen lässt, in kleineren Etappen vorgehen, bis man sich ganz aus der Notlage befreit hat.

! *Garagentür schließt beim Durchfahren*

Sofort anhalten, um den Schaden möglichst gering zu halten. Bei einer Garage, die manuell geöffnet wird, das Tor per Hand wieder aufschieben. Elektrisch betriebene Garagentore sind mit einem Sensor ausgestattet, der genau so einen Fall verhindern soll – das Tor soll sich nicht senken, wenn gerade ein Auto oder ein Mensch daruntersteht. Sofern der Sensor nicht defekt ist, müsste das Tor sofort wieder hochfahren.

! *Werkzeug verschwunden*

Versuchen, vor dem geistigen Auge den Moment zu sehen, in dem man das Werkzeug zuletzt benutzt oder gesehen hat. Orte aufsuchen, an denen man zuletzt mit diesem Gerät gearbeitet haben könnte. Wenn man sicher ist, das Werkzeug an jemanden verliehen und nicht zurückbekommen zu haben, die potenziellen Übeltäter direkt konfrontieren – die eigenen Kinder eingeschlossen, den Partner, Verwandte, Nachbarn. Sollte der oder die Verdächtige bestreiten, im Besitz des fraglichen Werkzeugs zu sein, ohne weitere Umschweife Haus und Hof der Verdächtigen durchsuchen. Taucht das gute Stück dann immer noch nicht auf, ein Werkzeug von vergleichbarem Wert borgen, ohne groß zu fragen.

UNGEBETENE BESUCHER

Einbrecher

Sofort die Polizei alarmieren. Wenn man vom Handy anruft, Adresse und genaue Position im Haus angeben. Haus verlassen, sofern das möglich ist, ohne dem Einbrecher über den Weg zu laufen. Sonst bleiben, wo man ist, Tür verschließen und den Eindringling wissen lassen, dass die Polizei auf dem Weg ist.

Kakerlaken

Alle Spuren von Feuchtigkeit im Haus beseitigen. Kakerlaken halten wochenlang ohne Nahrung aus, aber sie sterben binnen einer Woche, wenn sie nichts zu trinken bekommen. Zwischenräume um Rohre herum mit Stahlwolle verstopfen, um ihren Bewegungsspielraum einzuschränken. Um mögliche Verstecke und Laufwege Borax-Pulver oder Kieselgur ausstreuen – dabei aber Abstand halten zu Bereichen, wo Nahrung zubereitet wird oder Kinder spielen.

Gäste, die einfach nicht abreisen

Einen Notstand erklären (wie zum Beispiel akuter Schädlingsbefall, dringende Schimmelsanierung oder Asbest-Entsorgung), der es erforderlich macht, dass alle Hausbewohner umgehend evakuiert werden. Alternative: den ungebetenen Gästen sagen, dass man ihr Zimmer renovieren und das Mobiliar komplett entfernen müsse. Was nicht funktioniert: vorgeben, dass man in den Urlaub abreist – die Gäste könnten anbieten, als Homesitter zu bleiben.

Vogel ins Haus geflogen

Den Vogel vorsichtig mit einem Besen in einen Raum manövrieren, der ein Fenster hat. Das Fenster öffnen, das Zimmer verlassen und die Tür hinter sich schließen. Und dann warten, bis der Vogel den Weg ins Freie findet. Die Methode funktioniert auch bei Eichhörnchen, die sich ins Haus verirrt haben.

Mäuse

Zwischenräume rund um Rohrleitungen mit Stahlwolle verstopfen, um die Bewegungsfreiheit der Mäuse zu beschränken. Alle Löcher und Ritzen in den Wänden verschließen. Dann entweder vergiftete Köder auslegen, herkömmliche Mausefallen aufstellen – oder eine »Lebendfalle« basteln: In eine Vase oder kleinen Eimer ein Stück Käse legen, aus einem Brett eine Rampe zum Rand des Gefäßes bauen. Die Maus klettert hinauf, fällt in die Falle. Sie kommt von allein nicht mehr hinaus, bleibt aber unversehrt.

Eichhörnchen

Stelle lokalisieren, wo der Eindringling ins Haus gelangt ist. Meistens steigen sie über Löcher und Ritzen im Dach ein, wo ein Baum nahe am Haus steht. Das Loch mit feinem Maschendraht, einem Stück Blech oder Dichtungsmasse verschließen. Wenn die Tiere immer wieder ein neues Schlupfloch finden, Kammerjäger alarmieren; es gibt spezielle Fallen für die Nager.

Termiten

Sind in vielen Ländern eine hartnäckige Plage und ein Fall für den Kammerjäger. In Deutschland sind sie allerdings kaum ein Problem, nur in Hamburg gibt es welche – dort wurden die Insekten in den Dreißigerjahren über den Hafen mit einer Ladung Bauholz eingeschleppt. Zuletzt musste im März 2013 in der Karolinenstraße ein Fachwerkhaus abgerissen werden, das von der Gelbfüßigen Bodentermite völlig zerstört worden war. Die Plage ist bis heute nicht unter Kontrolle – die Termiten sind inzwischen offenbar gegen viele Gifte resistent.

! *Schimmel*

Alle Feuchtigkeitsquellen beseitigen – Schimmel braucht Nässe, um sich auszubreiten. Sobald die betroffenen Flächen abgetrocknet sind, mit normalem Haushaltsreiniger abschrubben und wieder gründlich trocknen lassen. Bei der Arbeit Gummihandschuhe tragen und Einmal-Feinstaubmasken der Klasse N95. Oberflächen nach der Reinigung imprägnieren. Wenn der Schimmel in Heizungs- oder Lüftungssystemen sitzt, unbedingt einen Fachmann hinzuziehen. Die beste Prävention gegen Schimmelbildung: regelmäßig »stoßlüften«, also Fenster weit auf und für Durchzug sorgen.

KAPITEL 2

☞ HAUSTIERE

☞ HUNDE

■ *Ausreißer*

Für den Fall, dass der Hund von selbst zurückfindet, einen Helfer bestimmen, der zu Hause die Stellung hält. Dann zuerst die Gärten in der Nachbarschaft abklappern und die Wege ablaufen, die der Hund vom Gassigehen kennt. Die Suche systematisch auf die umliegenden Nebenstraßen und Viertel erweitern und regelmäßig den Namen des Hundes rufen oder pfeifen. Der Helfer zu Hause kann derweil beginnen, Handzettel zu entwerfen und auszudrucken: »Hund vermisst«. Der Flyer sollte den Namen des Tieres enthalten, eine Beschreibung und ein Foto – sowie den eigenen Namen und die Adresse. Einen Finderlohn versprechen, ohne einen konkreten Betrag zu nennen. Wenn die Suche erfolglos bleibt, den Zettel überall in der erweiterten Nachbarschaft aufhängen. Und die Tierheime vor Ort sollten natürlich auch ein Exemplar bekommen.

Scheiße am Schuh

Schuh ausziehen und in einer Plastiktüte mit Schnellverschluss versiegeln. Tüte samt Schuh in den Tiefkühlschrank legen und mindestens drei Stunden frosten. Wenn der Hundekot hart gefroren ist, mit einem Flachkopf-Schraubenzieher abkratzen. Den Schraubenzieher danach gründlich waschen.

Unerwünschter Trieb

Hund auf den Boden schubsen, wenn er versucht, Menschen zu bespringen oder Gegenstände zu besteigen. Jedes Mal sofort reagieren, um so ein Verhalten konsequent zu unterbinden. In der Regel tun Hunde das, um ihre Überlegenheit zu beweisen, doch gerade bei jungen Tieren (Rüden wie Weibchen) kann es auch ein Zeichen für die Frustration beim Fortpflanzungstrieb sein. Rüden werden unruhig, wenn sie die Duftstoffe läufiger Hündinnen riechen, und Hündinnen sind kaum zu halten, wenn sie deckbereit sind. Wenn eine Hündin läufig ist, immer an der Leine lassen und die üblichen Hundespielwiesen meiden.

Regenzeug für den Notfall

In eine normale Plastiktüte fünf Löcher reißen oder schneiden: ein Loch im Tütenboden für den Kopf, zwei an jeder Seite für die Pfoten. Für größere Rassen braucht man eine Mülltüte mit mehr Volumen.

Die Trageschlaufen hinter dem Schwanz verknoten, damit der Regenschutz nicht verrutscht.

Fellwechsel

Malerkreppband um die Hand wickeln – mit der klebrigen Seite nach außen. Sessel und Sofas damit abtupfen – die Hundehaare bleiben am Kreppband haften. Wenn die Klebewirkung nachlässt, neuen Krepp-»Handschuh« anfertigen und die Prozedur wiederholen. Das funktioniert hervorragend, wenn mal keine Fusselbürste zur Hand ist. Alternativen sind Tierhaarentferner oder ein Staubsauger mit Bürstenaufsatz. Hunde während des Fellwechsels (etwa sechs Wochen im Herbst und im Frühjahr) jeden Tag striegeln und überschüssiges Fell ausbürsten, um das Haaren auf ein Minimum zu reduzieren.

Hört nachts nicht auf zu bellen

Den Hund reinholen, wenn es der eigene ist. Oder Stöpsel in die Ohren, wenn es ein fremder Hund ist. Lauter Protest wird den kläffenden Köter nur weiter anstacheln.

Kämpft mit anderen Hunden

Wasserschlauch auf die kämpfenden Hunde richten; auch ein Eimer Wasser hilft. Wenn kein Wasser in Reichweite ist, die Kontrahenten mit einem Besen trennen – nicht mit dem Besenstiel, sondern mit den Borsten. Auf keinen Fall mit den Händen dazwischengehen; die Gefahr, gebissen zu werden, ist zu groß.

Beißt Gäste

Wunde mit Seife und warmem Wasser reinigen. Hund in einem anderen Zimmer einsperren. Solange der Tollwut-Schutz des Hundes regelmäßig aufgefrischt worden ist, besteht für das Opfer kein Anlass, sich ebenfalls impfen zu lassen. Trotzdem sollte die Wunde ärztlich behandelt werden, wenn sich Zeichen einer Entzündung zeigen. Laut Bürgerlichem Gesetzbuch haftet man als Hundehalter für Schäden, die durch das Verhalten des Tieres entstehen. In einigen Bundesländern ist der Abschluss einer Hundehaftpflicht vorgeschrieben – für Rassen, die als gefährlich eingestuft sind (etwa Pitbull, Bulldogge, Mastiff oder Tosa), ist sie in ganz Deutschland obligatorisch.

Tollwut

Hund von Menschen und anderen Tieren fernhalten – und bei Tollwut-Verdacht sofort das Gesundheitsamt verständigen. Tollwut ist extrem ansteckend: Wenn Speichel von einem infizierten Tier in Kontakt mit Augen, Nase, Mund oder einer offenen Wunde kommt, besteht größte Gefahr. Das Virus verursacht bei Mensch und Tier eine Gehirnhautentzündung, die in der Regel tödlich verläuft; es gibt derzeit keine Therapie gegen Tollwut. Das einzige wirksame Gegenmittel ist eine Impfung innerhalb der ersten Stunden nach dem Biss. Deutschland gilt als frei von Tollwut. Der letzte Fall trat 2007 auf – bei einem Mann, der auf einer Auslandsreise gebissen wurde.

❗ *Knochen verschluckt*

Arme von hinten um den Hund legen, Faust direkt unter dem Brustkorb auf den Bauch legen. Dann drei- bis fünfmal schnell hintereinander den Bauch eindrücken. Prüfen, ob der Knochen sich gelöst hat und wieder zurück ins Maul gerutscht ist. Wenn nicht, Prozedur wiederholen. Lässt sich der Knochen so nicht entfernen, den Hund zur nächsten Tierklinik bringen.

❗ *Dorn in der Pfote*

Hund so platzieren, dass man die verletzte Pfote zwischen den Knien fixieren kann. Mit einer Pinzette oder Zange den Dorn greifen und vorsichtig, aber entschieden herausziehen. Prüfen, ob der Dorn komplett entfernt werden konnte, dann Schnittwunde mit kaltem Wasser säubern und die Pfote bandagieren. Bei Scherben und anderen Fremdkörpern, die fest in der Pfote sitzen, gilt: nicht selbst entfernen. Aufpassen, dass der Hund die Wunde nicht weiter belastet – und direkt zum Tierarzt.

☞ KATZEN

Sitzt auf Baum fest

Ein Badehandtuch und eine Leiter helfen weiter. Die Leiter am Fuß des Baums so aufstellen, dass sie einen festen Stand hat. Zur Katze hochklettern und dabei beruhigend auf sie einreden. Den Ausreißer in das Handtuch wickeln, um nicht gekratzt zu werden, und vorsichtig von der Leiter herabsteigen. Wenn die Katze zu hoch im Baum sitzt, Feuerwehr rufen.

Ruiniert Sessel und Sofas

Ecken und Kanten der Polstermöbel mit Alufolie oder breitem Kreppband abkleben. Solche Oberflächen mögen Katzen zum Kratzen nicht so gern. Alternativ kann man Sessel und Sofas mit einem Spray behandeln, das nach Zitronen duftet – ein Geruch, den Katzen gar nicht leiden können. Kratzbaum mit Katzenminze einreiben und neben die Möbel stellen, an denen die Katze gern ihre Krallen wetzt. Mit den Fingernägeln am Kratzbaum scharren, um dem Möbelkiller zu zeigen, wo er sich austoben darf.

Bringt Beute ins Haus

Jagdbeute mit Gummihandschuhen oder einer Schaufel einsammeln und draußen in einer Mülltonne entsorgen, die sich fest verschließen lässt. Nicht aufregen, nicht schimpfen – denn das interpretiert die Katze bloß als Aufmerksamkeit. Stattdessen Halsband mit Glöckchen besorgen und der Katze den Jagderfolg vermasseln. Je weniger Beute sie erwischt, desto weniger tote Mäuse oder Vögel schleppt sie ins Haus.

Ausgebüxt

Erst einmal gründlich das Haus durchsuchen: Katzen können sich in die kleinsten Zwischenräume quetschen – vielleicht steckt sie irgendwo fest. Ihr Revier in der Nachbarschaft ablaufen und dabei laut den Namen der Katze rufen. Flugblätter mit Namen, Beschreibung und einem Foto des Ausreißers aufhängen, den eigenen Namen und die Telefonnummer nicht vergessen. Dem Finder eine Belohnung versprechen – ohne einen konkreten Betrag zu nennen. Bei der Suche Taschenlampe mitnehmen; die Katze könnte verletzt sein und sich in einem dunklen Loch verkrochen haben. Und: Tierheim und Tierklinik vor Ort abtelefonieren.

Frostschutzmittel aufgeschleckt

Bei Symptomen einer Vergiftung – starker Durst, häufiges Urinieren, Erbrechen, Koordinationsstörungen – sofort zu einem Tierarzt oder in die Tierklinik bringen. Nicht selbst versuchen, die Katze zum Erbrechen zu bringen. Wenn sich die Quelle finden lässt, das verschüttete Frostschutzmittel aufwischen und die Stelle gründlich mit Wasser und Putzmittel reinigen. Katzen können an der kleinsten Menge Frostschutz sterben (ein Teelöffel genügt).

Bein gebrochen

Katze auf den Schoß nehmen. Das Bein sanft in eine möglichst natürliche Position bringen und dann mit Mullbinde und einem Lineal schienen, um das Bein ruhigzustellen. Katze zum Tierarzt oder zur Tierklinik fahren.

Heimlich-Manöver bei Katzen

Auf den Boden knien und die Katze von hinten umfassen. Mit einem Arm die Vorderbeine hochhalten, die andere Hand zur Faust ballen und auf den Bauch der Katze legen, direkt unter dem Brustkorb. Zwei- oder dreimal schnell zudrücken, um durch Druck auf Zwerchfell und Lunge den verschluckten Gegenstand aus der Luftröhre zu pressen.

Bekommt Junge

Rechtzeitig eine »Geburtsbox« bauen: Pappkarton suchen, der groß genug ist für die Katze und ihren Wurf. Öffnung in die Pappe schneiden, damit die Katzenmutter leicht ein- und aussteigen kann. Die Öffnung sollte etwa zehn Zentimeter über dem Kartonboden liegen, damit die Jungen nicht gleich entwischen. Mit Zeitungspapier oder Handtüchern auslegen und die Box an einen Ort stellen, wo die Katze ungestört ist. Wenn möglich, etwa einen Meter über der Box eine Wärmelampe installieren. Eine Katze benötigt in der Regel keine Hilfe beim Gebären. Direkt nach der Geburt wird sie die Fruchtblase aufreißen, ihr Junges putzen und die Nabelschnur durchbeißen. Falls sie das nicht von selbst tut, nachhelfen: Blut aus der Nabelschnur streichen, diese etwa einen Zentimeter vom Bauch entfernt mit Bindfaden abbinden und durchtrennen. Dass Katzenmütter die Nachgeburt auffressen, ist normal.

Verweigert das Katzenklo

Katzenklo regelmäßig sauber machen. Alle zwei Tage den Kot entfernen, einmal in der Woche die Katzenstreu wechseln. Wenn die Katze ihr Klo weiterhin meidet, eine andere Sorte Katzenstreu ausprobieren. Oder wieder die alte Sorte besorgen, falls man vor Kurzem die Marke gewechselt hat.

Kater markiert sein Revier

Ursache für das vermehrte Markieren des eigenen Territoriums könnte sein, dass er durchs Fenster die Konkurrenz sieht. Türen geschlossen halten, damit er die Kater aus der Nachbarschaft nicht riecht. An Stellen, wo er sein Reich markiert, Kartons mit Katzenstreu aufstellen. Möbel und Gegenstände, die er mit seiner Duftmarke versehen hat, gründlich reinigen. Manche Katzenhalter behandeln ihre Möbel mit Fernhaltesprays, andere setzen auf Abschreckung und bespritzen ihre Kater mit Wasser. Auch Baldriantropfen als Lockstoff im regulären Katzenklo haben sich offenbar bewährt. Schimpfen hingegen bewirkt das Gegenteil – und verstärkt das Bemühen des Katers, sein Revier zu sichern.

Urin-Flecken

Mit einem Papierhandtuch den Urin aufnehmen. Stelle erst mit Essig reinigen, dann mit heißem Wasser gründlich säubern. Wenn sich der Geruch trotzdem hält, mit einem speziellen Enzymreiniger nacharbeiten. Einige Experten schwören auf eine Mischung aus Natron, Wasserstoffperoxid und Waschmittel, die sie mit einer Bürste in Teppich oder Polster einmassieren. Hauptsache, der Geruch wird komplett getilgt – sonst machen die Katzen immer wieder auf diese Stelle.

❗ *Katzenallergie*

Luftreiniger aufstellen, am besten gleich Geräte für den gewerblichen Gebrauch, und zwar einen im Wohnzimmer und einen zweiten im Schlafzimmer. Regelmäßig gründlich staubsaugen. Katze täglich bürsten, um Schuppen zu entfernen, und einmal im Monat mit Katzen-Shampoo baden. Nicht die Katzenhaare selbst sind allergen, sondern bestimmte Eiweiße im Speichel der Katzen – und die sind überall da zu finden, wo sich die Katze leckt und putzt.

❗ *Katzenkratzkrankheit*

Infektion, die sich an Kratz- oder Bisswunden bilden kann. Symptome sind rotbraune Bläschen oder Knötchen an der betroffenen Stelle und geschwollene Lymphknoten. In der Regel verschwinden die Symptome auch ohne Behandlung nach wenigen Wochen; nur die Lymphknoten bleiben mitunter einige Monate empfindlich. Wenn Verdacht auf eine Katzenkratzkrankheit besteht, dennoch einen Arzt aufsuchen. Denn eventuell können auch Antibiotika notwendig sein, um das verantwortliche Bakterium *Bartonella henselae* zu bekämpfen.

☞ VÖGEL

Aus dem Käfig entwischt

Vorhänge zuziehen und Licht ausschalten. In einem dunklen Raum bleiben Vögel normalerweise still sitzen. Mit einer Taschenlampe nach dem Ausreißer suchen. Vogel vorsichtig greifen und wieder in seinen Käfig setzen.

Aus dem Haus entflogen

Bäume, Büsche und Fensterbänke in der unmittelbaren Nähe absuchen. Dabei pfeifen oder den Namen des Vogels rufen. Vögel mit gestutzten Flügeln werden nicht weit kommen. Die Muskulatur ist bei Käfigbewohnern ohnehin nicht ausreichend trainiert, um große Entfernungen zurückzulegen. Trotzdem ist Eile geboten: Ziervögel sind eine leichte Beute für Katzen oder Raubvögel wie Falken oder Habichte.

Hört nicht auf zu kreischen

Den Käfig mit einer Decke zudecken und alle Lampen im Zimmer ausschalten. Wenn es erst einmal ganz dunkel ist, sollte sich der Vogel schnell beruhigen und einschlafen.

Papagei benutzt Schimpfwörter

Neues Vokabular einüben und belohnen. Dem Papagei einen Keks hinhalten und vorsagen: »KEKS«. Oder jedes Mal beim Abdecken des Käfigs mit einem »GUTE NACHT« verabschieden. Was er einmal gelernt hat, vergisst ein Papagei nicht wieder, da kann man sich noch so viel Mühe geben. Aber auf lange Sicht wird der Vogel vor allem die Wörter krächzen, die er immer wieder hört. Man sollte einen Papagei deshalb übrigens niemals im eigenen Schlafzimmer halten.

FISCHE

Sprung im Aquarium

Das Ende des Risses mit einem Fettstift markieren. Ein Foto davon machen und jeden Tag kontrollieren. Wenn sich der Sprung nicht vergrößert oder leckt, ist alles gut. Sonst sofort den gesamten Inhalt des Aquariums in ein anderes Becken retten. Das gesprungene Aquarium trocknen lassen und die Umgebung des Risses mit einer Rasierklinge sauber schaben. Dann mit Küchenpapier und Aceton abtupfen. Sobald der Riss getrocknet ist, mit einem speziellen Aquariensilikon kleben – nicht normales Silikon aus dem Baumarkt verwenden, weil das Giftstoffe ans Wasser abgibt. Bei größeren Rissen ein Stück Plexiglas zur Verstärkung über den Riss kleben.

Toter Fisch im Wasser

Den Kadaver mit einem Kescher aus dem Wasser fischen, im Garten vergraben oder in eine Plastiktüte packen und mit dem Hausmüll entsorgen. Nicht im Klo runterspülen! Den Kescher mit Geschirrspülmittel reinigen. Alle anderen Fische vorübergehend in ein Ersatzbecken ausquartieren und das Hauptaquarium gründlich reinigen – am besten mit handelsüblicher Essigessenz oder Zitronensäure (im Verhältnis 1:4 mit Wasser verdünnen). Wenn der Fisch an einer Krankheit gestorben ist, lässt sich so das Risiko einer Ansteckung vermindern. Aquarium nicht mit normalem Glasreiniger säubern – dieser enthält Ammoniak, den Fische nicht vertragen.

Fisch springt aus dem Becken

Ausreißer vorsichtig in einen vorher angefeuchteten Kescher schieben. Den Fisch nicht in die Hand nehmen, weil die Gefahr besteht, dass er aus der Hand glitscht oder dass seine Kiemen verletzt werden. Fisch wieder in sein Aquarium setzen.

In der Deko eingeklemmt

Fisch sanft von hinten mit einem Kescher schieben, bis er sich aus der Klemme befreien kann. Wenn er nicht aus der Deko loskommt, das Teil samt Fisch aus dem Becken nehmen und noch einmal von hinten mit einem kleinen Kescher schieben, bis der Fisch nach vorn heraus- und ins Wasser plumpst.

Fische bekämpfen sich gegenseitig

Bewohner des Aquariums regelmäßig füttern. Wenn sie sich weiter gegenseitig attackieren, Fische voneinander trennen. Entweder in separaten Aquarien halten oder Becken durch eine Glasscheibe in zwei Bereiche unterteilen. Fische gehen aufeinander los, wenn sie zu wenig Platz haben und zu viele Artgenossen sich Platz und Futter streitig machen oder wenn sich unterschiedliche Spezies nicht vertragen. Also friedliche Fische nicht mit aggressiven Arten mischen, allen ausreichend Platz und Futter geben – und es herrscht Frieden im Aquarium.

Algen im Aquarium

Das Becken nicht direktem Sonnenlicht aussetzen und Beleuchtung nie länger als zehn Stunden anlassen. Einmal in der Woche das Wasser tauschen und den Kies spülen, um das Algenwachstum auf ein Minimum zu reduzieren. Algenfressende Fischarten wie der Saugmaulwels verhindern, dass sich Grünalgen am Glas des Beckens bilden.

Katze klaut Fisch aus dem Aquarium

Den Räuber verscheuchen – Hauskatzen spielen mit ihrer Beute, bevor sie den Fang töten und fressen. Wenn der Fisch noch lebt und unversehrt wirkt, mit einem feuchten Kescher einsammeln und wieder ins Aquarium setzen. Schwimmt er wie immer, einfach in Ruhe lassen. Hat er Probleme zu schwimmen, ist er wahrscheinlich verletzt. Fisch aus dem Becken nehmen und auf ein nasses Handtuch legen, um ihn näher zu untersuchen. Antiseptikum auf einen Wattebausch geben und Wunde desinfizieren – und dann schnell wieder ins Aquarium mit dem Fisch. Länger als eine Minute darf er nicht aus dem Wasser genommen werden.

■ *Verliert Schuppen*

Korallen aus dem Becken entfernen sowie alle anderen Gegenstände mit rauen Oberflächen, die der Grund dafür sein könnten, dass Fische ihre Schuppen verlieren. Es kommt außerdem vor, dass Saugmaulwelse sich an der Schleimschicht anderer Fische gütlich tun und deren Schuppen dabei Schaden nehmen. In diesem Fall die Welse entweder in ein anderes Aquarium umquartieren oder das vorhandene Becken mit einer Glasscheibe teilen, um die anderen Fische zu schützen.

■ *Frost im Außenbecken*

Vor dem Wintereinbruch sicherstellen, dass die Wassertiefe im Becken mindestens fünfzig Zentimeter beträgt, und während der Frostperiode dafür sorgen, dass es immer ein Loch im Eis gibt, damit der Gasaustausch zwischen Wasser und Luft funktioniert. Rechtzeitig vor dem Frost Fische darauf vorbereiten, mit weniger Nahrung auszukommen und ihren Stoffwechsel herunterzufahren: Erst nur alle paar Tage füttern, dann nur noch einmal pro Woche. Wenn das Eis taut, Fische langsam wieder an ursprüngliches Fütterungsintervall gewöhnen.

NAGETIERE

Im Haus verlaufen

Den Namen des Tieres rufen (sofern es einen hat und darauf hört) oder mit einem Quietsche-Spielzeug anlocken, das es kennt. Alle Außen- und Zimmertüren schließen und das Haus systematisch durchsuchen. Zimmer, die durchsucht wurden, geschlossen halten, Ritzen unter der Tür mit einem Handtuch verstopfen. In allen Schränken und auch unter Geschirrspüler und Waschmaschine nachsehen. Vorsichtshalber einen Napf mit Futter und Wasser und eine Decke oder ein Tuch vor der Außentür platzieren für den Fall, dass der Kleine doch nach draußen entwischt ist. Solange der Nager nicht gefunden ist, alle anderen Haustiere einsperren, vor allem Katzen und Hunde.

Knabbert seinen Käfig an

Nagetier in einen Glaskäfig umsiedeln oder in ein leeres Aquarium. Alternativ mit einem anderen Gitter experimentieren, in dem sich das Haustier weniger eingesperrt fühlt. Der Abstand zwischen den Gitterstäben muss jedoch so eng sein, dass der Bewohner nicht seinen Kopf dazwischenstecken kann.

Von einer Ratte gebissen

Wunde mit Seife und Wasser reinigen, antibakterielle Salbe auftragen und mit Verband abdecken. Falls die letzte Impfung zu lange her ist, beim Arzt den Tetanusschutz auffrischen lassen. Außerdem in den folgenden Tagen und Wochen auf Symptome des Rattenbissfiebers achten:

Dazu gehören Hautausschlag im Bereich der Wunde, Fieberschübe, Schüttelfrost, Hals- und Gliederschmerzen. Die Krankheit ist in Europa sehr selten – Arzt konsultieren, wenn Verdacht auf eine Infektion besteht.

FRETTCHEN

Klo-Gewöhnung

Frettchen im Käfig lassen, wenn man nicht gerade aktiv mit ihm spielt. Die kleinen Räuber sind sehr reinlich und machen nicht da hin, wo sie fressen oder schlafen. Im Käfig ein Katzenklo mit Streu einrichten, wo sie ihr Geschäft erledigen können. Zur Einrichtung sollten außerdem Nistmaterial (Tücher, alter Schlafsack), Höhlen (Karton mit Löchern, Regenrohre aus dem Baumarkt), Klettergerüst (wie ein Katzenbaum) und Näpfe für Futter und Wasser gehören. Wenn sich das Frettchen erleichtert, sofort in sein Katzenklo setzen. Verrichtet es seine Notdurft weiterhin im ganzen Käfig, den Bereich des Katzenklos vergrößern, bis das Frettchen lernt, seinen Schlaf- und Fressbereich nicht zu beschmutzen.

Trinkt und frisst nicht genug

Lösung aus Maissirup oder Honig und Wasser ansetzen, im Verhältnis 1:1. Wenn das Frettchen krank und zu schwach ist, um zu fressen, lässt es sich vielleicht dazu bringen, wenigstens eine solche Nährlösung anzunehmen. Die kleinen Verwandten des Iltisses haben einen schnellen Stoffwechsel – es besteht rasch die Gefahr, dass sie dehydrieren. Sie müssen dann alle vier Stunden von Hand gefüttert werden.

Magenprobleme / Verstopfung

Einen fünf Zentimeter langen Strang Malzpaste einflößen, wie er Katzen gegeben wird, wenn sie zu viele Haare im Magen haben – das wirkt abführend. Wenn das Frettchen etwas verschluckt hat, was es nicht schlucken soll, kommt es darauf an, wie es reagiert. Wenn es sich normal verhält und atmet, dreimal am Tag die Malzpaste geben. Wenn es sichtlich Atemprobleme hat, sich übergibt oder Krämpfe hat, sofort in die Tierklinik.

EINSIEDLERKREBSE

Kannibalismus

Krebse deutlich verschiedener Gewichtsklassen trennen, um zu verhindern, dass die großen die kleineren auffressen. Es kommt immer mal vor, dass ein aggressiver Einsiedler versucht, einen anderen aus seinem Gehäuse zu entfernen, um selbst in die Behausung einzuziehen. Wenn man ein »zirpendes« Geräusch hört und sieht, wie sich ein Krebs oberhalb der Öffnung eines Gehäuses zu schaffen macht, sofort eingreifen und den Aggressor von den übrigen Krebsen isolieren.

! *Beine fallen aus (Häutung)*

Bei den ersten Anzeichen der bevorstehenden Häutung (ausgefallene Gliedmaßen, durchsichtige, gallertartige neue Beine, ein fischiger Geruch) Krebs sofort in ein eigenes Becken mit einer mindestens fünfzehn Zentimeter dicken Sandschicht und verschiedenen Muschelgehäusen setzen. Krebse, die sich gerade häuten, sind eine leichte Beute für ihre Artgenossen. Wenn sie sich häuten, legen sie ihren zu klein gewordenen Panzer komplett ab, bevor ihnen ein neuer wächst. In diesem Stadium brauchen sie eine dunkle Umgebung; sie wühlen sich tief in den Sand oder verstecken sich in einem großen Muschelgehäuse.

! *Nackter Krebs*

Leeren Panzer in klarem Wasser ausspülen. Dann Hände waschen. Den gehäuteten Krebs nehmen und in Wasser schwenken, um letzte Stücke der alten Haut zu entfernen. Mit dem Zeigefinger den Unterleib des Krebses sanft in ein passendes Schneckengehäuse schieben. Dann in ein separates Becken setzen und Gehäuse verschiedener Größe hineinlegen – auch ein neues Schneckenhaus, das ungefähr der Größe entspricht, die seine alte Behausung hatte. Dann soll er sich sein neues Heim selbst aussuchen.

Milben-Attacke

Sand und anderes Grundmaterial komplett entfernen und entsorgen. Spielzeug und Deko aus dem Becken in kochendem Wasser desinfizieren. Becken mit warmem Wasser ausspülen, dann mit einem Papierhandtuch alle verbleibenden Milben zerdrücken. Aquarium erneut ausspülen. Krebs kopfüber in warmem Wasser baden. Wenn er aus seinem Gehäuse kommt, gründlich spülen und in einem anderen Gefäß trocknen lassen, bevor er wieder in sein Schneckengehäuse darf.

SCHLANGEN

In Belüftungsrohr gekrochen

Das Belüftungssystem komplett abschalten. An dem Ende, wo man die Schlange vertreiben möchte, einen Ventilator aufstellen, der kalte Luft in die Rohre pustet, und dort, wo man sie einfangen möchte, einen Föhn laufen lassen. Die Schlange wird der kalten Luft ausweichen und der Wärme folgen. An der Öffnung warten, wo der Föhn die Rohre wärmt, und schnell zupacken, wenn sich die Schlange zeigt.

Salmonellen-Infektion

Wie alle Reptilien sind auch Schlangen Überträger von Salmonellen. Fachleute schätzen, dass etwa neunzig Prozent der Tiere befallen sind, ohne allerdings selbst Symptome einer Krankheit zu zeigen. Man sollte deshalb unbedingt immer die Hände mit Seife und warmem Wasser waschen, wenn man die Schlange berührt oder mit Gegenständen in ihrem Terrarium hantiert hat. Symptome einer Infektion: Übelkeit, Erbrechen, Magenkrämpfe, Durchfall, eventuell auch Fieber. In der Regel klingt die Krankheit nach vier bis sieben Tagen auch ohne Behandlung wieder ab. Ein Besuch beim Arzt ist trotzdem obligatorisch, denn Salmonellen-Infektionen sind nach deutschem Recht meldepflichtig.

Unterkühlt

Heizkissen ins Terrarium legen, mit einem Handtuch abdecken und auf niedriger Stufe einschalten. Temperatur prüfen: Wenn man es mit der eigenen Hand nicht ein paar Minuten gut aushalten kann, ist das Heizkissen noch zu heiß. Dann noch eine Stufe runter – und erneut testen. Wenn die Wärme optimal eingestellt ist, Schlange auf das Handtuch legen.

Depressiv

Ein größeres Terrarium anschaffen, damit die Schlange sich besser ausstrecken kann. Größere Holzstücke oder Steine als Hindernis zum »Klettern« im Käfig platzieren. Wasserbecken installieren, das so groß ist, dass die Schlange ganz darin eintauchen kann. Und warm genug muss es sein: Tagsüber sollte die Temperatur bei fünfundzwanzig bis dreißig Grad Celsius liegen, nachts bei zwanzig bis fünfundzwanzig Grad. Wenn die Schlange nicht fressen will, zur Abwechslung Lebendfutter anbieten – Küken oder Mäuse. Falls die Schlange lebende Beute nicht gewohnt ist und nicht fressen will, Futtertiere vorher töten.

☞ TARANTELN

Gebissen

Wunde mit Eis kühlen, um eine mögliche Schwellung zu lindern. Das Gift der Tarantel ist nur schwach, und ein Biss ist Fachleuten zufolge nicht schlimmer als ein Wespenstich. Muss in der Regel nicht weiterbehandelt werden.

Brennhaare

Taranteln haben am Hinterleib mit Widerhaken versehene »Brennhaare«, die sie abfeuern, wenn sie in Bedrängnis sind. Die vielen Widerhaken verursachen auf der Haut einen Schmerz, der mit Brennnesseln vergleichbar ist. Wenn die Haare tief in der Haut stecken, mit einer Pinzette entfernen. Wunde desinfizieren und mit einer Salbe gegen den Juckreiz behandeln.

Bein gebrochen

Nicht versuchen, das gebrochene Bein zu richten oder zu schienen. Die Tarantel wird es bei der nächsten Häutung ganz abstoßen, es wächst dann ein neues. Wenn die Spinne sich in ihr Versteck zurückzieht und die Nahrung verweigert (siehe nächster Eintrag), kündigt sich möglicherweise eine Häutung an.

Frisst nicht

Der Heizstrahler über dem Terrarium sollte für eine konstante Temperatur von vierundzwanzig bis dreißig Grad Celsius sorgen. Und die Spinne muss immer genügend Wasser haben. Vor einer Häutung braucht eine große Tarantel oft wochenlang kein Futter mehr, aber unbedingt Flüssigkeit. Allerdings reagiert sie auf Veränderungen der Temperatur: Wenn ihr zu kalt ist, legt sie eine Fresspause ein – auch wenn sie sich nicht häutet. Am besten sämtliche Futterreste aus dem Terrarium entfernen, damit sich kein Schimmel bildet.

KAPITEL 3

☞ GESUNDHEIT

HYGIENE

Rostige Rasierklinge

Klinge über Nacht in Essig oder Cola einlegen und am nächsten Morgen mit einem in Alkohol getränkten Wattebausch desinfizieren.

Zahnbürste fällt ins Klo

Bürste in Wasserstoffperoxid tauchen und kräftig schrubben. Dann fünf Minuten in kochendes Wasser legen. Trotzdem bei der nächsten Gelegenheit die Zahnbürste austauschen.

Keine Zahnbürste dabei

Küchenpapier oder Papiertaschentuch in Wasser einweichen und dann mit den Fingern in einer knetenden Bewegung oben und unten auf die Zähne drücken. Im Spiegel die Zähne inspizieren, ob alle Beläge entfernt sind. Die Zunge lässt sich am besten reinigen, indem man sie mehrmals fest über die oberen Schneidezähne schiebt. Dann gründlich mit Wasser spülen.

Not-Zahnstocher

Die Ecken einer Visitenkarte, von einem Taschenbuch oder Streichholz-Heftchen eignen sich als Zahnstocher. Auch ein vierfach gefaltetes Blatt Papier funktioniert, zur Not geht sogar die Plastikhülse am Ende der Schnürbänder oder die Ecke einer CD-Box. Was man unter keinen Umständen benutzen sollte, sind spitze Gegenstände aus Metall – also Büroklammern, Stecknadeln oder Kugelschreiberminen.

Verwahrlostes Hotelzimmer

Am besten jeden Kontakt mit den rot markierten Flächen vermeiden – da droht die größte Gefahr.

Pelzige Zunge

Die Oberfläche der Zunge mit einem Teelöffel abschaben, um so viel von den bakteriellen Belägen wie möglich zu entfernen. Dann mit einem keimtötenden Mundwasser spülen sowie Zunge und Zähne mehrere Minuten kräftig bürsten. Ausspülen und noch mal mit einer normalen fluoridhaltigen Zahnpasta die Zähne putzen.

Im öffentlichen Nahverkehr

Wenn es geht, im Zug oder Bus immer so dicht wie möglich an einer Tür sitzen, um möglichst viel Frischluft abzubekommen, wenn sie sich bei einem Halt öffnet. Wenn kein Sitzplatz frei ist, auf einen breiten Stand achten, um besser die Balance halten zu können. Handschuhe tragen oder ein Tuch oder einen Schal um die Hände wickeln, um keine Oberfläche mit bloßen Händen berühren zu müssen.

Eklige öffentliche Toilette

Da helfen nur vier Lagen Klopapier auf dem Toilettensitz. Danach unbedingt die Hände waschen. Und wenn das Waschbecken ebenfalls eher unappetitlich wirkt, siehe nächster Eintrag.

Verdrecktes Waschbecken

Auf den Hebel des Papierspenders drücken, das Tuch aber im Spender hängen lassen. Dann die Hände waschen. Das Papiertuch so in die nasse Hand nehmen, dass der Hebel ein zweites Mal gedrückt und der Wasserhahn abgestellt werden kann, ohne die Oberflächen direkt zu berühren. Das erste Tuch wegwerfen, mit dem zweiten die Hände abtrocknen. Wenn kein Papier zur Verfügung steht, einen Zipfel vom Hemd nehmen. Unter keinen Umständen den elektrischen Händetrockner benutzen – das ist die perfekte Bazillenschleuder!

Kein Klopapier im WC

Kontakt zu eventuellen Nachbarn aufnehmen – kann jemand aus den anderen Kabinen Papier über die Trennwand reichen? Wenn vorhanden, geht auch der Einwegtoilettensitz aus Papier. Weder Nachbarn noch Notpapier vorhanden? Dann bleibt nichts anderes übrig, als die Spülung zu betätigen und die Tür zur Kabine einen Spaltbreit zu öffnen, um die Lage zu sichten. Wenn die Bahn frei ist, schnell zur nächsten Kabine, um nach Papier zu suchen, oder zum Papierhandtuch-Spender. Und dann schnell zurück in eine der Kabinen.

Verdächtiges Büfett

Nur aus Behältern bedienen, die gerade frisch befüllt worden sind. Im Zweifelsfall warten, bis die Bedienung ein neues Tablett bringt. Die Bereiche des Büfetts meiden, die nicht durch einen Hustenschutz abgedeckt sind, und erst recht nicht zugreifen, wo der Hustenschutz schon nicht mehr ganz sauber scheint. Um rohen Fisch und Meeresfrüchte einen Bogen machen – und auf alles verzichten, was mit Mayo angerührt ist. Mayonnaise gehört zu den häufigsten Ursachen von Lebensmittelvergiftungen.

☞ KRANKHEIT

Grippeepidemie

Möglichst in den eigenen vier Wänden bleiben und den Kontakt zu anderen Menschen auf ein Minimum beschränken. Wer das Haus verlassen muss, sollte Mundschutz tragen (Einweg-Partikelfiltermaske N95) und Latexhandschuhe. Orte meiden, an denen sich eine große Anzahl von Menschen versammelt – dazu gehören Kinos, Theater, Einkaufszentren, große Bürogebäude, aber auch Schlafsäle in Jugendherbergen oder Kasernen. Öffentliche Toiletten sind tabu! Auf keinen Fall gemeinsam mit anderen dasselbe Handtuch benutzen, auch nicht mit Familienmitgliedern. Mülleimer regelmäßig leeren und häufig die Hände waschen.

Ausbruch von Masern

Den Anweisungen der Gesundheitsbehörden folgen. Mit dem Virus Infizierte werden zwar in Quarantäne isoliert, aber es gilt trotzdem, den Kontakt in der eigenen Umgebung auf das Nötigste zu reduzieren, um das Risiko einer Ansteckung zu minimieren. Wenn es dann doch passiert, Abstand halten – auch zur eigenen Familie. Und die Behörden verständigen. Die Gefahr einer Ansteckung ist am größten, wenn die Patienten den typischen Ausschlag aufweisen (in der Regel etwa 17 Tage nach der Infektion).

Tourette-Anfall

Auffälliges Verhalten (Brüllen, das Wiederholen von einzelnen Wörtern, Husten, lautes Räuspern) ignorieren, bis der Anfall vorüber ist. In seltenen Fällen schlagen die Opfer eines solchen Anfalls um sich und können eine Gefahr für sich selbst und andere darstellen. Dann dafür sorgen, dass der Patient an einem Ort ist, an dem ihm keine unmittelbare Gefahr droht, und, falls nötig, potenziell gefährliche Gegenstände aus seiner Reichweite entfernen.

Erkältung

Ausruhen. Viel trinken. Bei Halsschmerzen mit Salzwasser gurgeln. Hühnersuppe löffeln – Flüssigkeit, Wärme und Salzaufnahme unterstützen den Körper dabei, die Infektion zu bekämpfen. Unter Laborbedingungen hilft Zink, die Vermehrung des Erkältungsvirus zu unterbinden. Zinkhaltige Nasensprays können die Symptome minimieren, wenn sie gleich bei den ersten Anzeichen einer drohenden Erkältung angewendet werden. Ob Vitamin C oder Echinacea wirklich präventiv wirken oder die Symptome lindern, ist nicht abschließend geklärt. Auch bei den Ursachen sind sich die Forscher uneins – Kälte kann die Infektion möglicherweise begünstigen.

Zeckenbiss

Das Tier sofort entfernen, um das Risiko einer Infektion zu mindern; Zecken können gefährliche Krankheitserreger übertragen. Am besten mit einer Pinzette herausziehen oder mit der sogenannten Zeckenkarte – das sind Plastikkarten im Format einer Scheckkarte mit spitz zulaufenden Schlitzen. Karte vorschieben, bis das Insekt am Ende eines Schlitzes sitzt – und dann aushebeln. Nicht drehen, Zecken haben kein Gewinde! Zur Not reicht ein Messer: Klinge von hinten unter die Zecke führen und direkt am Stechapparat abschneiden. Was vom Rüssel stecken bleibt, stellt in der Regel keine Gefahr dar und kann später vom Arzt entfernt werden. Bloß nicht die altbekannten Hausmittel anwenden: Wenn man die Zecke mit Öl, Nagellack oder Kleber beträufelt, wird sie sich in die Wunde erbrechen.

Erste Hilfe für Epileptiker

Möbel und alle harten Gegenstände aus der unmittelbaren Umgebung entfernen, damit sich der Krampfende nicht selbst verletzt. Auf keinen Fall versuchen, das Opfer festzuhalten oder etwas in seinen Mund zu stecken, um den Zungenbiss zu verhindern – auch Mund-zu-Mund-Beatmung ist während des Anfalls nicht möglich. Wenn sich der Krampfende übergibt, vorsichtig in eine stabile Seitenlage bringen. Sollte der Anfall länger als fünf Minuten anhalten, unbedingt einen Arzt rufen.

Winterdepression

Da hilft vor allem Licht: Alle Vorhänge oder Fensterläden öffnen, so viel Zeit wie möglich draußen verbringen, wenn die Sonne scheint. Überhaupt hilft ein Urlaub in sonnigeren Gefilden am besten. Zu den ersten Anzeichen für eine Winterdepression – Fachleute sprechen auch von einer Saisonal Abhängigen Depression (SAD) – zählen eine unerklärliche, generelle Müdigkeit und gedrückte Stimmung, Schlafstörungen, ein gesteigerter Appetit, besonders auf Süßigkeiten. Außerdem: Reizbarkeit, innere Unruhe, plötzliche Gewichtszunahme, Energielosigkeit, Konzentrationsprobleme.

Zwangsstörung

Gleich bei ersten Symptomen einen Therapeuten aufsuchen, der sich auf diese psychische Störung – Fachleute sprechen auch von Obsessive Compulsive Disorder (OCD) – spezialisiert hat. Zu den typischen Anzeichen zählen zwanghaftes Händewaschen, das ständige Überprüfen von Türschlössern, wiederholtes Zählen bis zu einer bestimmten Zahl, das Sortieren von Gegenständen in einer festgelegten Ordnung. Eine mögliche Behandlung von OCD ist die sogenannte Expositionstherapie, bei der die Patienten wiederholt mit Gegenständen oder Situationen konfrontiert werden, die bei ihnen Zwangshandlungen auslösen.

Klaustrophobie-Attacke

Einen guten Freund oder einen Verwandten anrufen, der einen nach draußen führen soll. Dann die Augen schließen und versuchen zu entspannen. Vor dem geistigen Auge vorstellen, wie man die Tür öffnet, das Haus verlässt und ins Freie tritt. Auf die eigene Atmung konzentrieren und entspannt einen Schritt nach dem anderen machen. Klaustrophobie ist die Angst vor engen Räumen – etwa Aufzügen, Bahn oder Bus, der Röhre bei einer Kernspintomografie. Symptome sind Hyperventilieren und Schweißausbrüche, regelrechte Panikattacken. Diese »Raumangst« wird in der Umgangssprache häufig mit der »Platzangst« verwechselt – der Angst vor öffentlichen Plätzen und weiten Räumen.

VERLETZUNG

Zahn ausgeschlagen oder abgebrochen

Zahn oder Bruchstück an der Zahnkrone anfassen, nicht an der Bruchstelle. Unter kaltem Wasser spülen und dann wieder da einsetzen, wo er hingehört. Wenn der Zahn zerbrochen ist oder nicht in seinem Zahnfach stecken bleibt, trotzdem im Mund behalten, damit die Wurzel nicht austrocknet und der Zahn vor Bakterien geschützt ist. Wenn das nicht möglich ist, den Zahn entweder in Milch aufbewahren – oder sogar im Mund einer anderen Person. Auf keinen Fall in Wasser transportieren oder trocken einwickeln. Und dann so schnell wie möglich zu einem Zahnarzt.

Nase gebrochen

Kopf in den Nacken legen, damit möglichst wenig Blut zur verletzten Stelle fließen kann. Kalte Kompresse drauf, damit die gebrochene Nase nicht anschwillt. Gegen den Schmerz entweder Ibuprofen nehmen oder Paracetamol.

Kiefer ausgerenkt

Den Unterkiefer fixieren, um weitere Belastungen oder Verletzungen zu vermeiden – entweder einfach mit der Hand halten oder eine Bandage anlegen, die oben auf dem Kopf verknotet wird. Die Bandage sollte so fest sitzen, dass sie dem gebrochenen Kiefer sicheren Halt gibt, sich aber schnell wieder lösen lässt. Dann sofort in die Notaufnahme eines Krankenhauses.

Auf die Zunge gebissen

Schnell mit folgender Lösung spülen: halb Wasser, halb Wasserstoffperoxid. Lösung nicht schlucken! Sauberen Waschlappen mit kaltem Wasser befeuchten und Druck auf die Wunde ausüben, bis die Blutung nachlässt. Dann Eisbeutel in einem sauberen Handtuch einwickeln und die Zunge fünfzehn Minuten kühlen. Kleine Schnittwunden heilen von selbst, größere Wunden sollte sich ein Arzt ansehen, der möglicherweise auch Antibiotika verschreiben wird, um eine Infektion zu verhindern.

■ *Zahnfleischbluten*

Wenn die Blutung nur ein einmaliger Vorfall ist, steckt wahrscheinlich nur ein Essensrest zwischen Zahnhals und Zahnfleisch. Mit Zahnseide entfernen und gründlich die Zähne putzen. Wenn der Krümel festsitzt, einen Knoten in die Zahnseide machen und Vorgang wiederholen. Kommt es häufiger zu solchen Blutungen oder halten sie länger an, liegt ein medizinisches Problem vor, das ärztlicher Behandlung bedarf. Zahnfleischbluten ist in der Regel ein Anzeichen für eine Entzündung – entweder im Zahnfleisch selbst oder im Knochen darunter.

■ *Lippe aufgeplatzt*

Sauberen Waschlappen mit kaltem Wasser befeuchten und Druck auf die verletzte Stelle ausüben, bis die Blutung gestillt ist. Wenn die Wunde so tief ist, dass die Blutung nicht zu stoppen ist, schnell in die Notfallambulanz. Nicht essen, solange die Wunde nicht geschlossen ist. Erstens ist die Berührung mit Nahrungsmitteln schmerzhaft, und zweitens besteht die Gefahr einer Infektion.

Blaues Auge

Erst einmal hinsetzen. Kopf in den Nacken legen und eine kalte Getränkedose oder Flasche fünf Minuten auf die Wange unterhalb des Auges legen – nicht auf das Auge selbst! Nach zehn Minuten Pause noch einmal kühlen und den Vorgang wiederholen, bis die Schwellung nachlässt. Dass ein kaltes Stück Fleisch Wunder wirkt, ist ein Märchen: Auch da hilft nur die Kälte. Aber es besteht gleichzeitig die Gefahr einer Infektion durch Bakterien auf dem Fleisch.

Gehirnerschütterung

Am besten erst einmal versuchen, über den Unfall zu sprechen, der die Gehirnerschütterung verursacht hat. Wenn man sich an den genauen Hergang nicht erinnern kann, liegt möglicherweise eine besonders heftige Gehirnerschütterung vor. Die Form der Behandlung hängt von der Schwere der Verletzung ab. Zu den unmittelbaren Symptomen zählen Gedächtnisschwund, Orientierungsverlust, Übelkeit und Erbrechen. Doch diese Anzeichen sind möglicherweise nicht sofort erkennbar, oder sie treten erst zeitverzögert auf. Keine weiteren körperlichen Anstrengungen unternehmen, erst einen Arzt konsultieren.

Rippe angeknackst

Fünf Pflasterstreifen oder medizinisches Klebeband in einem Abstand von zwei, drei Zentimetern parallel zur verletzten Rippe aufkleben – vom Brustbein bis zur Wirbelsäule. Den ersten Streifen genau auf die angeknackste Rippe, zwei Streifen darüber positionieren und zwei Streifen darunter. Den Arm auf der verletzten Seite in einer Schlinge ruhigstellen, um den Schmerz zu lindern und um zu verhindern, dass der Bruch weiter belastet wird. Möglichst wenig Bewegung mit dem Oberkörper – nicht nach vorn beugen, nicht zur Seite drehen, nicht tief atmen. Ein rezeptfreies Schmerzmittel sollte genügen. Und dann in ärztliche Behandlung. Ein unkomplizierter Bruch verheilt in wenigen Wochen.

Schulter ausgekugelt

Arm sofort ruhigstellen, um weitere Komplikationen wie Verletzungen von Sehnen, Bändern und Nerven zu verhindern. Eine ausgekugelte Schulter ist extrem schmerzhaft. Zum Einrenken muss man den Gelenkkopf des Oberarmknochens unter Zug wieder in die Gelenkpfanne schnappen lassen – eine Prozedur, die nur ein Arzt durchführen sollte, wenn man nicht riskieren will, dass Nerven oder Blutgefäße verletzt werden. Bei einer solchen Luxation bleibt einem nichts anderes übrig: sofort ins Krankenhaus.

Bänderriss

Erst einmal hinsetzen, das verletzte Sprunggelenk oder Knie so hochlegen, dass die Verletzung höher als das Herz liegt. Mit Eis oder kalten Kompressen behandeln: zwanzig Minuten kühlen, dreißig Minuten Pause, und das mehrmals wiederholen. Durch die Kälte ziehen sich die Blutgefäße zusammen, die Schwellung geht zurück. Unbedingt eine Belastung der betroffenen Gliedmaßen verhindern – und so schnell wie möglich zum Arzt. Die weitere Behandlung hängt von Umfang und Lage der Verletzung ab. Bei einem einfachen Anriss muss der Fuß oder das ganze Bein einige Wochen ruhiggestellt werden, entweder mit Bandagen oder einem Gips. Komplizierte Risse sind ein Fall für den Chirurgen.

Mit dem Fuß umgeknickt

Den verstauchten Fuß sofort entlasten und so lagern, dass er höher liegt als das Herz. Mit Eis behandeln, um die Schmerzen zu lindern und die Schwellung zu reduzieren: zwanzig Minuten kühlen, dreißig Minuten Pause. Den umgeknickten Fuß stabilisieren, indem man eine Bandage in Form einer Acht um das Fußgelenk und unter dem Fuß herumwickelt. Dann zum Arzt, um sicherzugehen, dass kein Haarriss oder Bruch im Fußgelenk vorliegt.

Arm gebrochen

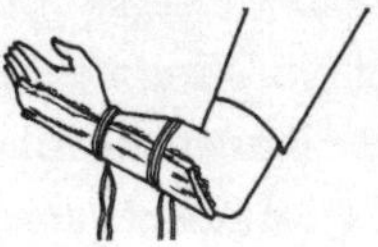

Den betroffenen Bereich sofort ruhigstellen, am besten mit einer Schiene, die über die angrenzenden Gelenke hinausreicht. Den Arm erst mit weichem Material abpolstern (Kleidung, Watte, Moos) und dann mit einem festen Gegenstand (Ast, Stange, Brett, Magazin) schienen. Mit Tüchern oder Gewebeband fixieren, zur Not reichen auch Schnürsenkel.

Wenn der Arm unterhalb des Ellenbogens gebrochen ist, aus einem langärmligen Hemd oder einer Jacke eine Schlinge herstellen: einen Knoten in die Ärmel machen und Schlinge so um den Hals legen, dass der gebrochene Arm im Rückenteil von Hemd oder Jacke ruht.

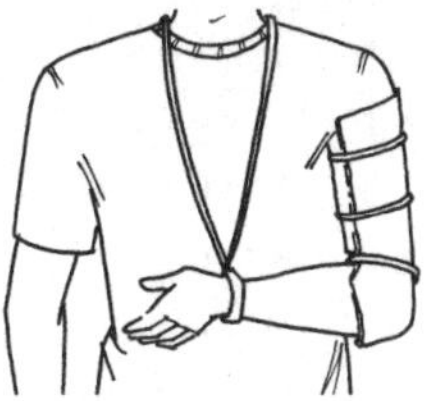

Bei Brüchen oberhalb des Ellenbogens eine Schlinge (zum Beispiel aus Schnürbändern) knüpfen. Um den Hals legen und um das Handgelenk des gebrochenen Arms knoten. Ein Polster aus weichem Material unter die Achsel klemmen.

☞ ANDERE LEIDEN UND WEHWEHCHEN

! *Abszess, Eiterbeule*

Waschlappen mit warmem Wasser befeuchten und auf den Abszess legen – eine Wärmeflasche tut es auch. Zweimal am Tag heiß duschen. Nach jeder Wärmebehandlung eine zinkoxidhaltige Salbe auftragen, um die Eiterbildung zu fördern. Nicht an dem Abszess herumdrücken! Wenn sich eine eitrige Spitze gebildet hat, den Abszess mit Verbandsmull abdecken, damit er sich von selbst entleeren kann. Danach die Wunde unbedingt mit einer entzündungshemmenden Salbe einschmieren und mit sterilem Mull abdecken. Größere Eiterbeulen sollte sich auf jeden Fall ein Arzt anschauen.

! *Gerstenkorn*

Für fünfzehn Minuten eine feuchte, heiße Kompresse auf das Gerstenkorn legen – und das drei- bis viermal am Tag. Ein Gerstenkorn ist das Resultat einer entzündeten Wimpernwurzel und muss so weit reifen, dass es selbst platzt und sich der Eiter entleert. Weil der Erreger übertragbar ist, sollte man die Hände gründlich mit Wasser und Seife waschen, wenn man das Auge berührt hat. Binnen fünf Tagen ist das Gerstenkorn in der Regel verschwunden – falls nicht, ist es ein Fall für den Arzt.

Starke Zahnschmerzen

Da hilft nur ein rezeptfreies Schmerzmittel, bis man zum Zahnarzt gehen kann. Wenn erst das Zahnmark entzündet ist, kommt man an einer Wurzelkanalbehandlung nicht vorbei – und möglicherweise muss der Zahn sogar gezogen werden.

Zähne reagieren empfindlich auf heiß und kalt

Eine Bürste mit möglichst weichen Borsten benutzen und Zahnpasta vermeiden, die zur Beseitigung von Zahnstein gedacht ist. Wenn die Temperaturempfindlichkeit anhält, einen Zahnarzt aufsuchen. Ursache ist in der Regel frei liegendes Dentin, auch Zahnbein genannt. Entweder hat der Zahn ein »Loch« im Zahnschmelz, oder die Zahnhälse liegen frei – zum Beispiel weil falsch geputzt wird, siehe oben, oder weil sich das Zahnfleisch wegen einer Entzündung zurückgezogen hat.

Lippenbläschen

Alle drei Stunden mit Reinigungsalkohol oder Wundbenzin einreiben, um die Bläschen auszutrocknen. Kalte Kompressen helfen dabei, die Schwellung der Lippe zu verringern. Nach einer Berührung des Lippenbläschens gründlich die Hände waschen, um eine weitere Verbreitung zu verhindern – die Bläschen werden vom Herpesvirus ausgelöst.

Schmuck verschluckt

Wenn das gute Stück gerettet werden soll, am besten zu Hause bleiben oder an einem Ort, wo die nächste saubere Toilette nicht weit ist. Sport und viel trinken – mindestens einen Viertelliter in der Stunde – helfen dabei, die Verdauung zu beschleunigen. Normal essen. Der menschliche Körper braucht in der Regel vierundzwanzig Stunden, um Nahrung zu verarbeiten und Reste auszuscheiden.

Sodbrennen

Magensäure mit einem rezeptfreien Säureblocker neutralisieren. Um ein erneutes Auftreten der Beschwerden zu verhindern, kleinere Mahlzeiten einnehmen, langsamer essen und folgende Lebensmittel am besten ganz vermeiden: Zitrusfrüchte, Zwiebeln, Paprika, Tomaten, sehr fettige oder scharfe Gerichte, Alkohol, Kaffee und kohlensäurehaltige Getränke. Wenn das Sodbrennen regelmäßig wiederkehrt, unbedingt einen Arzt konsultieren.

Erbrechen

Keine feste Nahrung zu sich nehmen. Damit der Körper nicht austrocknet, regelmäßig in kleinen Schlucken Wasser trinken. Schrittweise zusätzlich gehaltvollere Flüssigkeit aufnehmen wie Hühnersuppe, Apfelsaft, Zitronenlimo oder Ginger Ale, um den Körper mit Elektrolyten zu versorgen. Wenn man sich mindestens zwölf Stunden nicht mehr erbrochen hat, reizarme, leicht verdauliche Kost versuchen – wie Bananen, weißen Reis, Apfelmus oder

Toastbrot. Wenn die Übelkeit zurückkehrt, wieder auf flüssige Nahrung umstellen. In den ersten Tagen danach auf Milcherzeugnisse verzichten, also auch kein Käse, keine Eiscreme.

■ *Appetitlosigkeit*

Ingwertee brauen, und zwar nach dem folgenden Rezept: ein Teelöffel frisch geriebenen Ingwer oder einen halben Teelöffel Ingwerpulver in zwei Tassen heißes Wasser, dazu ein Viertel Teelöffel Minzblätter, ein Teelöffel Anis und ein Teelöffel Zimt.

■ *Laut knurrender Magen*

Aufstoßen hilft, um die Gase loszuwerden, die sich im Magen sammeln und die unliebsamen Geräusche verursachen. Den Mund dabei geschlossen halten. Auch eine kleine Zwischenmahlzeit – kohlenhydrathaltige Snacks – oder Magensäureblocker können die Symptome abstellen. Pfefferminzbonbon lutschen oder Kaugummi kauen verschlimmern das Problem hingegen nur – sie verstärken die Produktion von Magensäure.

■ *Bauchkrämpfe*

Kamillentee trinken oder Kohletablette schlucken – dabei die Anweisungen auf dem Beipackzettel beachten. Feste Nahrung am besten vermeiden, bis die Krämpfe nachgelassen haben.

❚ *Durchfall*

Wasser trinken, Milch und besonders fette Speisen vermeiden. Sehr gut helfen rezeptfreie Durchfallmedikamente, die Loperamid enthalten – sofern die Ursache keine Lebensmittelvergiftung ist. Bei Kindern wirkt die BRAT-Diät: **B**ananen, **R**eis, **A**pfelmus und **T**oast.

❚ *Verstopfung*

Da gehören die folgenden Gemüse- und Obstsorten auf den Speiseplan: Kohl, Papaya (frisch oder getrocknet), Pflaumen, frische Kokosnuss, Spargel und Sojaprodukte.

❚ *Übelkeit*

Zwei Tassen frischen Ingwertee trinken. Einen Teelöffel frisch geriebenen Ingwer oder einen halben Teelöffel Pulver in kochendes Wasser geben. Ginger Ale wirkt nicht so gut wie der Tee – die Limonade enthält meistens keinen natürlichen Ingwer.

❚ *Schwangerschaftsübelkeit*

Siebenmal am Tag kleine Mahlzeiten zu sich nehmen, am besten reizarme Kost. Und immer Salzgebäck zum Knabbern in Reichweite haben. Außerdem täglich zehn Milligramm Vitamin B6 schlucken.

❗ *Überdosis Koffein*

Wenn Koffein erst einmal im Blut ist, wird man es so schnell nicht wieder los, der natürliche Abbau dauert in der Regel drei bis vier Stunden. Man kann den Prozess unterstützen und beschleunigen, indem man eine große Portion Obst zu sich nimmt; auch viel Wasser trinken hilft. Zu den Symptomen einer Koffein-Überdosis zählen Kopfschmerzen, Muskelzucken, Reizbarkeit und ein unregelmäßiger Puls.

❗ *Niedriger Blutzuckerspiegel*

Sofort einen Esslöffel Honig schlucken – eine solche Portion enthält etwa fünfzehn Gramm an »schnellen« Kohlenhydraten, die den Blutzuckerspiegel in nur fünfzehn bis zwanzig Minuten anheben und besonders fix Energie liefern.

❗ *(Allergischer) Hautausschlag*

Möglichst schnell eine Creme anwenden, die Diphenhydramin enthält, und ein bis zwei Tage alle sechs Stunden erneut auftragen. Es kommt zu Hautausschlag, wenn der Körper Histamine freisetzt, für gewöhnlich schlägt man sich damit höchstens ein paar Tage herum, es kann in seltenen Fälle aber auch Wochen dauern, bis der Ausschlag wieder verschwindet.

! *Schwindel*

Aus einer sitzenden oder gebückten Position vorsichtig aufrichten, ruckartige Bewegungen des Kopfes vermeiden. Ein Aspirin schlucken, um die Blutversorgung zum Gehirn zu verbessern. Die meisten Ursachen einer solchen Schwindel-Episode sind harmlos – sie kann jedoch ein Anzeichen für Herzrhythmusstörungen, einen Herzinfarkt, einen Schlaganfall oder Schock sein.

! *Gedächtnisverlust*

Vor den Spiegel stellen und sich mit der eigenen Person vertraut machen – mit Aussehen, Alter und Geschlecht. In der Brieftasche oder im Portemonnaie nach einem Ausweis mit einem Foto suchen, um die Person im Spiegel mit einem Namen zu verbinden. Findet sich bei den Papieren eine Adresse? Dann im Haus nach Briefen oder sonstigen Unterlagen forschen und die Adresse vergleichen. Im eigenen Haus gelandet? Dann ist der erste Schritt geschafft. Als Nächstes die Nummern anrufen, die im Mobiltelefon einprogrammiert sind, und den Teilnehmern am anderen Ende erklären, wer am Apparat ist – und um Hilfe bitten. Wenn man sich so weit orientiert hat, dass man auch den Weg zurück findet, zum nächsten Geschäft oder Kiosk gehen und eine Tageszeitung besorgen, um das Datum ins Gedächtnis zu rufen und die anderen Ereignisse dieses Tages. Ein plötzlicher Gedächtnisverlust – Fachleute sprechen von transienter globaler Amnesie – kommt vor allem in höherem Alter vor und hält in der Regel weniger als vierundzwanzig Stunden an.

Schlaflosigkeit

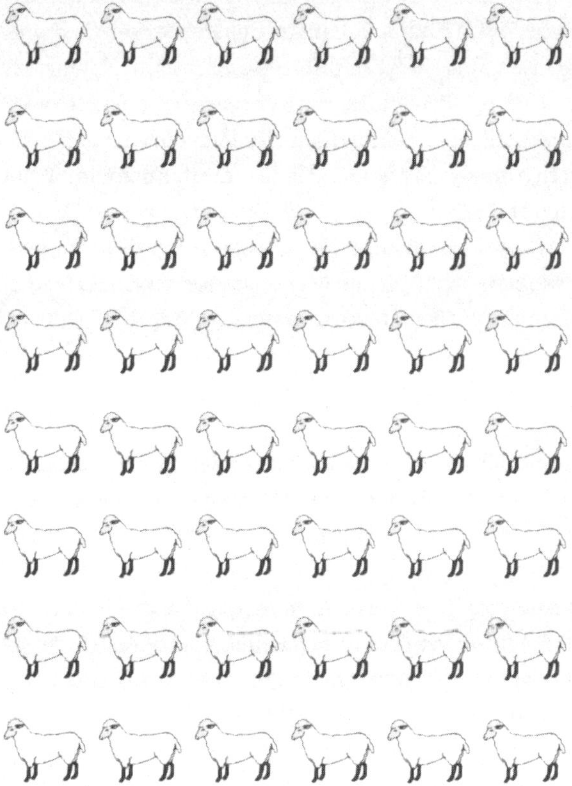

Da helfen: ein warmes Bad; ein leicht verdaulicher Snack; warme Milch oder Kräutertee; Leuchtanzeige des Weckers bedecken; den Magen massieren; Zehenspitzen anziehen und wieder strecken. Um Schlaflosigkeit zu vermeiden, möglichst auf Kaffee, Nikotin und Alkohol verzichten. Moderate Bewegung oder Dehnübungen eine Stunde vor dem Schlafengehen können dabei helfen, die Muskulatur zu entspannen. Und natürlich der Klassiker: Schafe zählen.

Migräne

Eine moderate Dosis Koffein hilft. In einem ruhigen, dunklen Raum hinlegen, der frei ist von starken Gerüchen. Ein Kissen unter Kopf und Nacken, eine kalte Kompresse auf die Stirn. Wenn verfügbar, ein beliebiges rezeptfreies Schmerzmittel einnehmen. Zu den Auslösern von Migräne zählen: Alkohol, Koffein und Nikotin; ein unregelmäßiger Biorhythmus; Stress; Umweltfaktoren wie grelles Licht oder extreme Gerüche; große Anstrengungen; hormonelle Schwankungen durch den Menstruationszyklus oder die Antibabypille; Geschmacksverstärker; Nitrate.

Pfeifen im Ohr

Einen Löffel Rosmarin- oder Zitronenöl in ein Inhalationsgerät geben. Eine Stunde in einem geschlossenen Raum laufen lassen und Dämpfe einatmen. Auch die Vitamine A und C als Nahrungsergänzungsmittel können gegen das Brummen oder Pfeifen im Ohr helfen, sofern der Tinnitus nicht Folge einer Erkrankung, eines generellen Hörverlusts oder einer ungewöhnlich großen Ohrenschmalz-Ablagerung ist.

Ohrenschmerzen

Manchmal hilft schon ein einfaches, rezeptfreies Nasenspray oder ein Mittel, das die Schmalzablagerung im Ohr aufweicht – es sei denn, die Schmerzen werden von Fieber oder einem deutlichen Hörverlust begleitet. Was außerdem Linderung bringt: Sanft mit einem Finger unter den Ohren drücken, dann direkt unterhalb des Kieferknochens leicht massieren, um den Druck von den eustachischen Röhren zu nehmen. Bei Fieber unbedingt einen Arzt aufsuchen, denn möglicherweise ist doch ein Antibiotikum notwendig, um die Entzündung zu bekämpfen.

! *Augenzucken*

Augen schließen, das Lid massieren. Den Kaffeeverbrauch reduzieren und mal eine Pause einlegen. Ein zuckendes Auge ist meistens ein Anzeichen für Übermüdung und Anspannung – und in der Regel harmlos.

! *Nebenhöhlenentzündung*

Ein rezeptfreies Medikament nehmen, das die verstopfte Nase wieder frei bekommt – entweder Tabletten oder ein Nasenspray. Einen Luftbefeuchter laufen lassen, damit die Nasenschleimhäute nicht austrocknen. Allerdings sollte die Luftfeuchtigkeit im Raum dabei die fünfzig Prozent nicht übersteigen – sonst drohen Schimmelbildung und die Vermehrung von Hausstaubmilben.

! *Muskelkater / Pferdekuss*

Den ganzen Muskel der Länge nach durchkneten, um die Blutversorgung in dem betroffenen Bereich zu verstärken. Massage hilft – aber nicht quer zum Muskel arbeiten. Dazu Dehnübungen, viel trinken und Bananen essen, um den Körper mit Kalium zu versorgen.

Schluckauf

Ein hohes Glas mit Wasser füllen. Das Glas vor sich halten und dann so darüberbeugen, dass der Mund den Rand des Glases dort berührt, wo dieser am weitesten vom Körper entfernt ist. Jetzt das Glas zum Körper neigen – und das Wasser trinken, das in Richtung Mund schwappt.

Heuschnupfen

Möglichst drinnen bleiben, vor allem an windigen Tagen und wenn es lange nicht geregnet hat, weil dann besonders viele Pollen in der Luft sind. Und so wenig wie möglich mit den Händen Gesicht oder Augen reiben. Mit Medikamenten kann man zwar nicht die Ursachen der Allergie bekämpfen, aber wenigstens die Symptome lindern. Wirkstoffe wie Cromoglizinsäure oder Loratadin blockieren die Ausschüttung von Histaminen – sie sind rezeptfrei in der Apotheke erhältlich.

Trockener Mund

Auf einem Stück Zitronen- oder Limettenrinde kauen. Und mit einem Luftbefeuchter dafür sorgen, dass zu Hause ein Klima mit höherer Luftfeuchtigkeit herrscht. Mundwasser, das Alkohol oder Peroxid enthält, sollte man lieber nicht verwenden und außerdem auf trockene und salzige Speisen verzichten. Auch besonders süße Leckereien und Getränke mit einem hohen Säuregehalt verstärken das Gefühl noch, dass der Mund austrocknet. Dasselbe gilt für Koffein und Alkohol.

Herzrasen

Tief Luft holen und langsam ausatmen. Unbedingt den Koffeinverbrauch reduzieren. Und entspannen. Yoga und Meditation können hilfreich sein.

Blut spritzt aus Arterie

Aus Schnur, Seil oder Gürtel eine Schlinge machen. Oberhalb der Wunde um Arm oder Bein legen und festbinden. Einen Stock in die Schlinge stecken und so lange drehen, bis der Blutstrom versiegt oder wenigstens auf ein Minimum reduziert ist. Das freie Ende des Stocks festbinden, damit er sich nicht von selbst lösen kann. Aber Vorsicht: Eine Arterie auf diese Weise abzubinden kann den Verlust von Arm oder Bein bedeuten – die Technik sollte nur als letzte Option angewendet werden, wenn der Blutverlust so massiv ist, dass Lebensgefahr droht.

Gegenstand verschluckt – Selbsthilfe

Einen hüfthohen Gegenstand mit einer stumpfen Kante zu Hilfe nehmen – etwa die Rückenlehne eines Stuhls, einen Baumstumpf oder eine andere Kante in entsprechender Höhe. So über den Widerstand beugen, dass er etwa fünfzehn Zentimeter über der Taille am Bauch liegt. Dann mit Schwung auf die Kante fallen lassen, sodass die Luft aus dem Bauch und durch die Luftröhre hochgedrückt wird. Mehrmals wiederholen, bis sich der verschluckte Bissen gelöst hat.

Gegenstand verschluckt – bei Erwachsenen/ Kindern

Ein Fall für das »Heimlich-Manöver«: Arme von hinten um den Patienten legen und mit einer Hand eine Faust machen. Die Seite der Hand mit dem Daumen an den Bauch legen, und zwar zwischen Bauchnabel und Brustkorb. Dann die

Faust mit der anderen Hand greifen – und mit einem kräftigen Ruck nach hinten und oben ziehen. Dabei aufpassen, dass nicht der Brustkorb zusammengedrückt wird, sondern nur der Bauch. Wiederholen, bis sich der verschluckte Gegenstand gelöst hat.

! *Gegenstand verschluckt – bei Kleinkindern*

Auch da hilft das »Heimlich-Manöver«: Das Baby auf einen festen Untergrund legen, Gesicht nach oben, oder so auf dem Schoß halten, dass es sich mit dem Rücken anlehnen kann. Dann Mittel- und Zeigefinger auf einen Punkt zwischen Bauchnabel und Brustkorb legen – und mit einem schnellen Stoß nach hinten und oben drücken. Kein Druck auf den Brustkorb, nur auf den Bauch, und nicht mit zu viel Kraft. Wiederholen, bis der Gegenstand ausgespuckt wird. Was man nur in allergrößter Not tun sollte: das Baby mit dem Gesicht nach unten auf den eigenen Oberschenkel legen und mit einem starken Klaps zwischen die Schulterblätter versuchen, das verschluckte Objekt herauszubekommen.

! *Gegenstand verschluckt – bei Schwangeren*

Das »Heimlich-Manöver« für Erwachsene durchführen – aber mit einer wichtigen Änderung: Die Faust nicht auf dem Bauch, sondern auf dem Brustkorb anlegen. Gerade bei fortgeschrittener Schwangerschaft darf kein Druck mehr auf den Bauch ausgeübt werden. Stattdessen den Brustkorb zusammendrücken, ähnlich wie bei einer Herzdruckmassage. Diese Vorgehensweise funktioniert auch bei stark übergewichtigen Patienten besser als Druck auf den Bauch.

Verbrennung

Auf der Stelle hinlegen und auf dem Boden wälzen oder Flammen mit einer Decke ersticken. »Stop, drop and roll«, sagen sie im Englischen dazu, das ist die wichtigste Ersthilfe. Dann Brandwunde sofort unter fließend kaltes Wasser halten, um

- mögliche Fremdkörper zu entfernen,
- die verbrannte Haut zu kühlen,
- die Schwellung zu reduzieren,
- die Schmerzen zu lindern.

Kleidung entfernen, sofern sie an der Brandwunde festhängt. Mit einem sterilen Verband abdecken, zur Not geht auch ein sauberes T-Shirt – aber auf keinen Fall ein Handtuch oder Material verwenden, das Fasern oder Fussel verliert. Notarzt rufen. Verbrannte Körperteile erhöht lagern, um die Schwellung zu reduzieren. Wichtig: Patienten nicht unbeobachtet lassen, wie bei allen schweren Verletzungen besteht die Gefahr eines Schocks.

Verätzung

Den verletzten Bereich zehn Minuten unter fließend kaltem Wasser spülen. Gleichzeitig kontaminierte Kleidung entfernen, dabei jeden weiteren Kontakt mit der ätzenden Chemikalie vermeiden. Verätzte Haut mit einem sterilen Verband oder einem sauberen T-Shirt schützen – aber auf keinen Fall Materialien verwenden, die fusseln. Kleidungsreste oder Fasern, die in der Wunde kleben, nicht selbst entfernen, sondern mit dem Verband abdecken. Dann so schnell wie möglich in ärztliche Behandlung.

Herzinfarkt – Selbsthilfe

Eine Dreihundert-Milligramm-Tablette Aspirin zerkauen. Wenn jemand in der Nähe ist, laut sagen, dass man gerade einen Herzinfarkt hat und einen Notarzt braucht. Dann absolute Ruhe: hinlegen, Oberkörper leicht erhöht, um das Herz zu entlasten. Abwechselnd atmen und alle drei Sekunden kräftig husten, bis Hilfe kommt. Die Warnsignale für einen Herzinfarkt:

- ein dumpfer bis schmerzhafter Druck hinter dem Brustbein
- Schmerzen, die auf den linken Arm, in den Bauch oder den linken Unterkiefer ausstrahlen
- Atemnot, Angstzustände
- Übelkeit, Erbrechen
- kalter Schweiß, Unruhe

Herzinfarkt – Erste Hilfe bei anderen

Sofort Rettungsdienst alarmieren – und dann Bewusstsein und Atmung überprüfen. Bei Kreislaufstillstand sofort mit der Herz-Lungen-Wiederbelebung beginnen:

1. Neben dem Betroffenen hinknien. Das untere Ende des Brustbeins finden, zwei Fingerbreit darüber Handballen ansetzen, die zweite Hand über die erste legen.
2. So nach vorn lehnen, dass die Schultern genau über den Händen positioniert sind.
3. Kräftig auf den Brustkorb drücken. Mit dem Gewicht des eigenen Oberkörpers die Arme unterstützen. In zwanzig Sekunden ungefähr dreißigmal schnell pumpen.
4. Atemwege des Patienten frei machen, indem man den

Kopf nach hinten neigt. Mit der einen Hand Nase zuhalten, mit der anderen den Mund öffnen. Und dann zweimal langsam in den Mund des Betroffenen pusten. Darauf achten, ob sich sein Brustkorb sichtbar hebt und senkt.
5. Abwechselnd Herzdruckmassage und Beatmung, bis Hilfe kommt.

! *Schock*

Opfer auf den Rücken legen, Beine leicht erhöht, damit das Blut zum Gehirn und den lebenswichtigen Organen fließen kann. Eventuelle Verletzungen behandeln, Rettungsdienst rufen. Den Betroffenen zudecken, bis zum Eintreffen der Sanitäter beruhigen und beobachten. Nichts zu essen oder zu trinken geben.

! *Ohnmacht*

Patienten flach auf den Rücken legen, Beine leicht erhöht, damit Herz und Hirn besser durchblutet werden. Der oder die Ohnmächtige sollte in weniger als einer Minute wieder zu sich kommen. Wenn er oder sie das nicht tut, in stabile Seitenlage bringen – und Hilfe rufen. Denn dann ist das Opfer nicht ohnmächtig, sondern bewusstlos. Atmung und Puls kontrollieren. Bei Kreislaufstillstand Wiederbelebung beginnen, siehe oben.

KAPITEL 4

☞ BEAUTY UND FITNESS

☞ HAAR

Beim Grillen angesengt

Tja. Haare oberhalb der versengten Partie abschneiden, da hilft nix. Dann mit Shampoo und Spülung waschen, um den Geruch wieder loszuwerden.

Farb-Desaster

Wenn die Haarfarbe nicht mehr einheitlich ist, neu färben – im Zweifelsfall besser etwas dunkler als vorher. Nach dem Zehn-Stufen-System einen neuen Farbton wählen: 1 ist Schwarz, 3 Mittelbraun, 5 Dunkelblond, 7 Hellblond, 10 ein helles Lichtblond. Ein neuer Farbton sollte nie mehr als zwei Stufen über der alten Haarfarbe liegen.

Kraus bei feuchter Luft

Haare nach dem Duschen nur mit dem Handtuch trocknen. Ein wenig Olivenöl oder ölhaltiges Styling-Gel in die Hand geben und mit den Fingern durch die Haare kämmen. Keine Bürste benutzen, nicht föhnen.

Hut ruiniert die Frisur

Haare nass machen, dann mit Gel oder Spray neu stylen. Frauen mit langen Haaren können ein Hut-Desaster vermeiden, indem sie sich eine Art Dutt legen, bevor sie den Hut aufsetzen. Wenn sie die Kopfbedeckung wieder abnehmen, lösen sie den Kringel einfach auf – und dem Haar sieht man nicht an, dass es unter einem Hut gesteckt hat; es behält sein Volumen.

Vogel im Haar verfangen

Augen und Gesicht mit einem Arm schützen. Mit der anderen Hand versuchen, von hinten die Füße des Vogels zu fassen und ihn aus den Haaren zu ziehen. Mit einem sanften Wurf wieder freilassen. Auf keinen Fall nach dem Kopf oder dem Schnabel greifen.

Perücke / Toupet fliegt weg

Perücke wieder einfangen, nach Schmutz absuchen und säubern, wenn sie auf dem Boden gelandet ist. Eine spiegelnde Oberfläche suchen – verspiegeltes Glas oder Edelstahl zum Beispiel. Das Toupet-Klebeband wieder richten. Falls dieses nicht mehr zu retten ist, ein beliebiges Klebeband, das nicht zu stark haftet, zu einer selbstklebenden Endlosschlaufe drehen. Zur Not hält die Perücke auch ohne haftende Helfer. Frisur, wenn nötig, mit Haarklemme oder Büroklammer fixieren. Das Gummi in einer Perücke von der Stange lässt schon nach drei, vier Monaten nach, wenn sie regelmäßig getragen wird – es sollte ersetzt werden, wenn das Zweithaar weiterhin fest sitzen soll.

Haare riechen nach Rauch

Ein starkes Parfüm direkt über dem Kopf in die Luft sprühen, dann langsam in einem engen Kreis unter der »Wolke« auf und ab gehen und den Duft einwirken lassen.

Kaugummi im Haar

Mehrere Eiswürfel in eine Plastiktüte stecken. Die betroffenen Strähnen vom Kopf weghalten und das Kaugummi kühlen, bis es hart gefroren ist – das dauert etwa fünfzehn bis dreißig Minuten. Haar zwischen Kopfhaut und Kaugummi greifen, die gefrorene Substanz mit der anderen Hand zerkrümeln und vorsichtig aus den Haaren ziehen. Wenn sich das Kaugummi dabei wieder erwärmt, Kühlprozedur wiederholen, bis auch der letzte Krümel beseitigt ist.

■ *Shampoo in den Augen*

Augen mit kaltem Wasser ausspülen. Wenn sich das Shampoo so nicht restlos entfernen lässt, mit rezeptfreien Tropfen für trockene Augen (»künstliche Tränen«) oder mit Kontaktlinsenflüssigkeit nachspülen. Wer auf die Tenside im Shampoo sensibel reagiert, sollte es beim Duschen mit einer Schwimmbrille als Schutz für die Augen versuchen.

■ *Vogelkot im Haar*

Mit einem Kamm oder einer Brüste den Kot aus dem Haar kämmen. Dann Haare waschen oder Wattebausch mit Franzbranntwein oder Reinigungsalkohol tränken und die Trefferzone abtupfen. Wichtig: Beim Entfernen des Kots die Luft anhalten und danach die Hände gut waschen, um eine Infektion mit Kryptokokken zu vermeiden. Vogelkot – vor allem von Tauben – ist ein Träger für diesen Hefepilz, der eine gefährliche Hirnhautentzündung hervorrufen kann.

☞ MAKE-UP

■ *Mascara verläuft*

Wattebausch unter die Augen halten, um die verlaufende Wimperntusche aufzufangen. Augen schließen und mit zwei weiteren Wattebäuschen die überschüssige Mascara von den Wimpern wischen.

Ohne Spiegel Lippenstift auftragen

Mund öffnen. Den Lippenstift mit der rechten Hand (wenn das die dominante Hand ist) auf der Mitte der Oberlippe ansetzen, dabei einen Finger der anderen Hand nutzen, um die richtige Position zu finden. Mit dem Lippenstift ein kleines halbes Herz malen, um den oberen Bogen der Lippe auszufüllen, dann auf der Oberlippe bis zum Mundwinkel weiterführen. Dieselbe Prozedur auf der anderen Seite wiederholen. Dann Lippenstift auf der Unterlippe ansetzen, genau in der Mitte. Erst nach rechts bis in den Mundwinkel ziehen, dann nach links. Lippen nicht aneinanderreiben – damit wird die Farbe nur über den Lippenbogen hinaus verschmiert.

Make-up-Flecken auf der Kleidung

Ein starkes Flüssigwaschmittel direkt in den Fleck einmassieren und eine halbe Stunde einwirken lassen. Dann in der Maschine waschen. Bei weißer Kleidung noch eine halbe Tasse Chlorbleiche in die Einspülkammer der Waschmaschine geben. Manche Maschinen haben ein separates Spülfach für Bleichmittel.

HAUT

Verunglückte Botox-Behandlung

Da hilft nur eine weitere Injektion mit Botox – und zwar in die Muskelfasern beiderseits der Stirn, um den permanent traurigen Gesichtsausdruck (Brauen zu tief) oder den verblüfften Look (Augenbrauen unnatürlich hochgezogen) wieder auszugleichen. Das von einem Bakterium produzierte Nervengift kann zudem Nebenwirkungen haben: allgemeines Unwohlsein, Übelkeit, grippeähnliche Symptome und Hautausschläge. Die meisten Probleme verschwinden nach wenigen Tagen von selbst. Die ersten drei, vier Stunden nach einer Botox-Behandlung unbedingt aufrecht sitzen oder stehen, damit sich das Toxin nicht in Bereiche ausbreitet, für die es nicht vorgesehen ist.

Zu viel Collagen

Eine Plastiktüte mit Eis füllen, in ein dünnes Handtuch wickeln und auf die Injektionsstelle pressen, um eine ungewollte Schwellung zu reduzieren. Zehn bis fünfzehn Minuten wirken lassen, dann entfernen. Das Eis darf die Haut nicht direkt berühren – sonst besteht die Gefahr, sich auch noch Erfrierungen zuzuziehen. Kleinflächige Hautblutungen oder Flecken direkt an der Einstichstelle sollten auch ohne weitere Behandlung binnen einer Woche verschwinden.

❗ *Erfrierung*

Erfrorene Zehen oder Finger oder sonstige Körperpartien in lauwarmem Wasser auftauen – es darf auf keinen Fall heiß sein. Mit der Prozedur aber nur dann beginnen, wenn keine Gefahr erneuter Erfrierungen mehr besteht, denn sonst nimmt das Gewebe möglicherweise bleibenden Schaden. Betroffene Stellen mit einem sterilen Verband abdecken und – sofern vorhanden – ein rezeptfreies Schmerzmittel gegen die Qualen nehmen, die das Auftauen mit sich bringt. Auf keinen Fall die erfrorenen Partien mit Schnee abreiben – so wird der Haut nur weiter Wärme entzogen.

❗ *Bräunungscreme deckt nicht*

Waschlappen mit Reinigungsalkohol benetzen und die Problemzonen schrubben. Danach mit Feuchtigkeitscreme behandeln, weil der Alkohol die Haut austrocknet. Und erneut mit dem Selbstbräuner behandeln.

❗ *Ungleichmäßige Bräunungsstreifen*

Haut mit einem Selbstbräuner einpudern. Einen großen Make-up-Pinsel nehmen, um einen gleichmäßigen Auftrag zu hinzubekommen.

Übungen gegen Falten

Ausdruckslos: Gesichtsmuskulatur ganz entspannt – um Falten auf der Stirn und um die Augen zu verhindern.

Grinsegesicht: Augen schmale Schlitze, der Mund ganz breit – um die Muskulatur um den Mund zu stärken und Lachfalten auszukontern.

Jetzt ganz weit: Mund und Augen aufreißen – um das Kinn zu trimmen und Falten um den Mund zu bekämpfen.

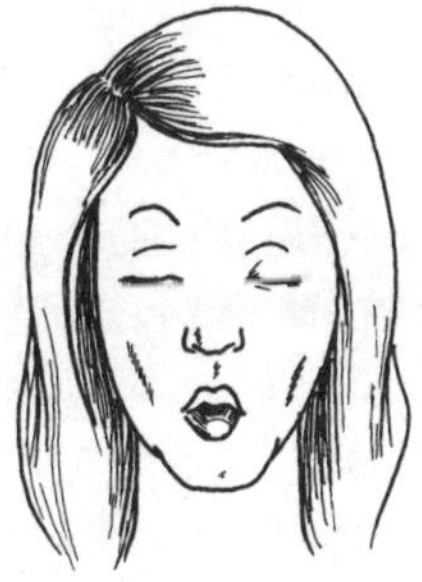

Augen zu, ausatmen: Spannung wieder abbauen, die beim Üben entstanden ist.

Diese Folge von Übungen für die Gesichtsmuskulatur zweimal am Tag für fünf Minuten durchhalten – so lässt sich die Bildung von Falten verhindern oder wenigstens reduzieren.

Rasurbrand

Gereizte Haut mit Hydrokortisoncreme behandeln, aber nicht mehr als zweimal pro Woche anwenden, sonst riskiert man (laut der Liste der möglichen Nebenwirkungen), dass die Haut dünner wird. Aftershaves und Lotionen vermeiden, die Alkohol enthalten – sie trocknen die Haut aus. Um Rasurbrand zu verhindern: Frühestens zwanzig Minuten nach dem Aufstehen rasieren; so lange dauert es, bis die Flüssigkeit, die im Schlaf die Haut ein wenig anschwellen lässt, wieder abgebaut ist. Auf einer straffen Haut gleitet der Rasierer besser. Und: Bartstoppeln mit heißem Wasser einweichen, dann lassen sie sich leichter schneiden.

☞ GESICHT

Pickel

Einen warmen Waschlappen auf den Pickel legen, für etwa fünfzehn Minuten. Dann die Zeigefinger auf beiden Seiten des Pickels ansetzen und sanft ziehen – nicht drücken! Der Pickel sollte sich öffnen und der Eiter austreten. Wenn er noch nicht reif ist, mit einem Tupfer Abdeckcreme verstecken, damit man die Rötung nicht sieht.

Augenränder

Zwei Beutel schwarzen Tee in kochendes Wasser geben und zwei Minuten ziehen lassen, dann in kaltem Wasser abkühlen. Flüssigkeit aus dem Teebeutel drücken und auf jedes Auge einen Beutel legen. Die Tannine im Tee wirken adstringierend – und helfen, die Schwellung zu reduzieren.

Gelähmte Gesichtsmuskeln

Muskeln im Gesicht regelmäßig massieren. Heiße feuchte Umschläge und ein rezeptfreies Schmerzmittel lindern mögliche Schmerzen. Entspannungstechniken helfen, Vitamin B ebenfalls. Wenn die Lähmung oder Schwäche der Muskulatur die Bewegung der Augenlider beeinträchtigt, Augen mit Tropfen oder Kontaktlinsenflüssigkeit feucht halten. Eine solche Lähmung – Mediziner sprechen von einer Bell'schen Parese – wird durch eine entzündliche Schwellung der Gesichtsnerven ausgelöst; die Ursache lässt sich nur selten genau feststellen, Bakterien oder Viren (wie Herpes simplex, Windpocken, Epstein-Barr-Virus) können eine Rolle spielen. In der überwiegenden Zahl der Fälle verschwinden die Symptome innerhalb von zwei Wochen.

Doppelkinn

Schals, Halstücher oder Pullover mit einem weiten Rollkragen tragen, die das Fett am Kinn verbergen. Hemden mit einem engen Button-down-Kragen gehen gar nicht, und wenn es schon reguläre Hemden sein müssen, dann bitte den obersten Knopf offen lassen und am besten ganz auf die Krawatte verzichten.

Verheultes Gesicht

Einen kalten Waschlappen aufs Gesicht legen, um die Schwellung und Rötung zu reduzieren. Ursache für ein solches geschwollenes und verheultes Gesicht sind die erhöhte Aktivität der Gesichtsmuskeln beim Weinen und die entsprechend erhöhte Blutzufuhr. So reagiert der Körper auf eine emotionale Belastung. Hinlegen und tief atmen, das beruhigt.

Aufgeplatzte Lippen

Bienenwachs, Vaseline oder Sonnencreme auf die Lippen schmieren, Labello oder Lippenstift auflegen. Viel Wasser trinken, vor allem in den Wintermonaten. Nicht die Lippen lecken – das gibt einem zwar kurzfristig das Gefühl, dass die Lippen nicht so trocken sind, in Wahrheit irritiert Speichel die angegriffene Partie aber nur zusätzlich. Wenn sonst gar nichts zum Auftragen zu finden ist: Mit dem Zeigefinger seitlich an der Nase reiben, wo besonders viele Talgdrüsen sitzen, und mit den so gewonnenen Fetten die Lippen pflegen.

Beim Rasieren geschnitten

Wattebausch mit Reinigungsalkohol benetzen und den Schnitt abtupfen. Alternativ geht auch ein Alaunstift. Alkohol und Alaun wirken blutstillend – sie sorgen dafür, dass sich die Blutgefäße zusammenziehen. Ist beides nicht zur Hand, hilft ein Stück Toilettenpapier. Auf den Schnitt kleben, um den Gerinnungsprozess zu beschleunigen. Sobald die Blutung gestoppt ist, das Papier mit Wasser befeuchten und sanft von der Wunde ziehen.

AUGEN

Fremdkörper im Auge

Auge mit fließend kaltem Wasser oder einer Kochsalzlösung spülen, wenn es sich um einen harmlosen Fremdkörper wie eine Wimper, einen Krümel oder eine kleine Fliege handelt. Gelingt einem das nicht allein, einen Helfer bitten, die Hände gut zu waschen und den Störenfried mit der Ecke eines Papiertaschentuchs herauszufischen. Dabei möglichst Pupille, Hornhaut oder Iris nicht berühren. Bei Splittern oder Dornen das Auge mit einem sauberen Tuch abdecken und zu einem Augenarzt oder in die nächste Notfallambulanz fahren.

Blutunterlaufen

Augen schließen. Auf beide Augen einen kalten Waschlappen legen und fünfzehn Minuten wirken lassen, um die Rötung zu verringern.

Kontaktlinse verloren

Auf das »gute« Auge verlassen, bis die verlorene Linse ersetzt werden kann. Das andere Auge möglichst geschlossen halten oder sogar mit einer Augenklappe abdecken. Wenn es weniger auffällig sein soll: Bei einer dunklen Sonnenbrille das Glas über dem betroffenen Auge mit einem Markierstift auf der Innenseite schwarz übermalen.

Kontaktlinse rutscht »hinter« das Auge

Das Auge schließen. Das Lid massieren, bis die Linse wieder auf die Hornhaut rutscht. Oder das Auge mit Kontaktlinsen-Flüssigkeit befeuchten, um die Linse nach vorn zu spülen. Das Auge ist wie eine »Tasche«, eine Kontaktlinse kann nicht komplett hinter dem Augapfel verschwinden.

Brille futsch

Wenn so schnell kein Optiker zu erreichen ist: Zwei Kreise auf ein Blatt Papier oder ein Stück Pappe malen, die etwa die Größe eines Brillenglases haben. Mit einer Nadel oder einer Messerspitze ein Dutzend Löcher in jeden Kreis stechen. Dann Papier oder Pappe vor das Gesicht halten und durch die Löcher gucken.

☞ HÄNDE

Nagel abgebrochen

Nagel feilen, um raue Kanten zu glätten, dann mit einem Nagel aus Acryl in passender Länge überdecken. Falls die Nagelhaut eingerissen ist oder blutet, mit einem Pflegeöl behandeln, das Vitamin E enthält, bevor der falsche Nagel aufgeklebt wird.

Niednagel

Finger fünfzehn Minuten in warmes Wasser halten, damit Nagel und Haut weicher werden. Dann den schmalen Hautstreifen neben dem Nagel möglichst nahe am Ansatz abschneiden. Nicht versuchen, den Hautfetzen abzubeißen oder auszureißen – so vergrößert man nur das Risiko, dass sich die Stelle auch noch entzündet. Woher der Name kommt? Die Menschen haben einmal geglaubt, dass ihnen der nervige Streifen wächst, wenn sie von einem neidischen Blick getroffen werden – ein »Neidnagel« also.

Finger gebrochen

Tüte mit gefrorenem Gemüse in ein dünnes Tuch wickeln und dann auf den gebrochenen Finger legen. Finger so lagern, dass er höher liegt als das Herz, um die Schwellung gering zu halten. Wenn auch in den nächsten Tagen kein Arzt zu erreichen ist, den Finger schienen: Mit einem Eisstiel oder ähnlichem Stückchen Holz an einen benachbarten Finger tapen. Die Hand so wenig bewegen wie möglich.

Fehlenden Finger kaschieren

Leichte Handschuhe tragen und ein Stück Schlauch, etwa fingerdick, an der Stelle in einen Handschuh stecken, wo der Finger fehlt. Im Winter Fäustlinge anziehen.

Nervöse Hände

Immer einen kleinen Gummiball in der Hand haben und kneten, um die Hände zu beschäftigen. Wenn das zu auffällig ist: sich zwingen, eine Tasse oder ein Glas zu halten.

Splitter

Eine Pinzette mit spitzen Enden und eine Sicherheitsnadel mit Reinigungsalkohol sterilisieren. Das Ende des Splitters mit der Pinzette greifen und herausziehen. Wenn der Splitter zu tief steckt, mit der Nadelspitze vorsichtig einige Hautschichten neben dem Splitter freilegen, bis er über die umliegende Haut herausragt. Mit der Pinzette fassen und entfernen. Die Wunde mit einer entzündungshemmenden Salbe eincremen und verbinden. Bei Kindern die Stelle vor der Operation mit einem Eispack betäuben.

☞ FÜSSE

Dornwarze

Mit rezeptfreiem Warzenmittel einpinseln, das Salicylsäure enthält. Flüssigkeit genau auf die Warze auftragen, möglichst nicht auf die umliegende Haut, und dann mit einem Pflaster abdecken. Sobald das Pflaster von selbst abfällt, so viel vom abgestorbenen Warzengewebe wie möglich abkratzen oder abhobeln. Erneut einpinseln. Die nach innen wachsenden Warzen können beim Gehen sehr schmerzhaft sein, und die Behandlung verlangt viel Geduld. Wenn sich nach mehreren Wochen kein Erfolg einstellt, einen Hautarzt konsultieren.

Fußpilz

Dreimal täglich ein Fußbad in warmem Wasser nehmen, das mit einem Esslöffel Teebaumöl versetzt wird, bis die Symptome abklingen. Teebaumöl wirkt fungizid. Zur Vorbeugung: Grundsätzlich nur Socken aus Naturfasern tragen und regelmäßig wechseln. Einlegesohlen aus den Schuhen nehmen und über Nacht lüften und trocknen lassen. Schuhe mit speziellen Sprays desinfizieren. In Schwimmbädern und öffentlichen Duschen immer Badelatschen tragen – so lässt sich eine Ansteckung verhindern.

Ballenzeh / Hallux valgus

Schuhe tragen, die den Zehen genug Platz lassen. Idealerweise sollten Schuhe eine flexible Sohle haben, keine Absätze, die höher als fünf Zentimeter sind, und vor dem großen Zeh einen guten Zentimeter Luft. Veranlagung spielt eine große Rolle bei der Entstehung eines solchen Hallux valgus, aber extrem hohe Absätze und schmale oder sogar spitz zulaufende Schuhe verschärfen das Problem. So oft wie möglich barfuß laufen. Bei schmerzhaften Ballenzehen die Füße hochlegen und die Zehengelenke in Zehn-Minuten-Intervallen mit einem Eispack kühlen.

Blase

Eine Nadel sterilisieren, entweder mit Reinigungsalkohol oder in eine Streichholzflamme halten, bis die Nadelspitze rot glüht. Nadel parallel zur Haut halten und die Blase seitlich anstechen. Mit sanftem Druck die Flüssigkeit aus der Blase pressen, dann mit einem Pflaster gut abdecken. Das gilt nur für Blasen, die durch scheuernde Schuhe oder Ähnliches entstanden sind. Brandblasen niemals aufstechen.

KÖRPER

Orangenhaut

Normalgewicht halten oder versuchen, Übergewicht schrittweise abzubauen. Regelmäßig Sport treiben (ideal sind Übungen, bei denen die Körperspannung trainiert wird – wie Yoga und Pilates) und auf Alkohol, Koffein und Fertiggerichte oder Fast Food weitgehend verzichten. Frisches Obst und ungekochtes Gemüse essen, außerdem viel Wasser trinken. Man muss schon die Lebensweise ändern, um eine Cellulite loszuwerden, da kann einem kein Chirurg helfen.

Kosmetikhersteller preisen Salben an, die Aloe vera oder Gotu Kola enthalten; die Substanzen sollen hautstraffend wirken.

■ *Muskelkater*

Betroffene Partien mit Eisbeutel kühlen, einmal in der Stunde für zwanzig Minuten. Mindestens zwei Liter am Tag trinken, ein rezeptfreies Schmerzmittel wie Ibuprofen nehmen. Ein echtes Heilmittel gegen den Muskelkater gibt es nicht – nur Erfahrungswerte. Manche Sportler schwören auf eine Wärmebehandlung, andere trainieren bei Schmerzen lieber mit reduzierter Intensität weiter, als ganz auszusetzen.

■ *Zu dünn*

Taillierte Kleidung tragen, um der Figur mehr Form zu verleihen; ein zweireihiges Jackett zum Beispiel lässt den Oberkörper kräftiger wirken. Nadelstreifen vermeiden, denn die lassen den Körper länger und noch dünner erscheinen. Dasselbe gilt für enge Hosen – sie betonen dünne Beine nur zusätzlich. Bundfalten hingegen helfen, mehr Umfang vorzugaukeln. Zu weit dürfen Hosen auch nicht sein, dann wirken sie schlabberig. Ein Mehr-Lagen-System schafft zusätzlich »Körpermasse«. Und: flache Schuhe, keine High Heels.

Reiterhosen

Beinschwingen im Liegen:

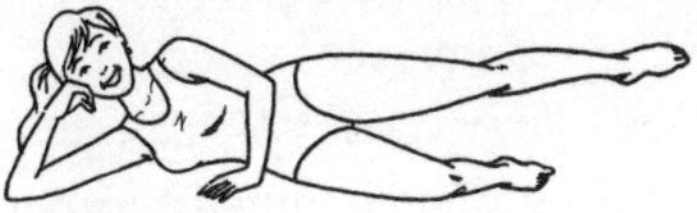

anheben

nach vorn strecken

Seitliches Bein-Heben:

Oberkörper aufgestützt,
Bein am Boden

Bein anheben

Diese beiden Übungen bringen vor allem die Abduktoren der Oberschenkel in Form: Bein-Schwingen im Liegen und seitliches Bein-Heben. Auf beiden Seiten zwölf bis fünfzehn Wiederholungen, zwei- bis dreimal pro Woche.

Übergewicht

Die Aufmerksamkeit des Betrachters auf das Gesicht lenken, etwa mit einem leuchtend bunten Halstuch oder einer auffälligen Krawatte. Locker sitzende, aber nicht übergroße Kleidung tragen. Mit Kontrasten arbeiten: Also zu einem dunklen Hemd ein helles Jackett wählen – das lässt einen schlanker wirken. Horizontale Streifen gehen gar nicht, auch Zweireiher, Bundfaltenhosen oder solche mit einem elastischen Bund setzen falsche Akzente. Frauen sollten Hosen tragen, deren Saum weit über die Schuhe reicht, um das Gesamtbild länger erscheinen zu lassen. Bei Männern sind doppelt geschlitzte Jacketts zu empfehlen; mit nur einem Schlitz lässt sich ein großer Hintern nicht so gut kaschieren.

Deodorant vergessen

Unter den Achseln mit Wasser und Seife waschen, mit Papierhandtüchern abtrocknen. Wenn keine Seife zur Hand ist, zwei Beutel Pfefferminztee mit heißem Wasser aufgießen und dann in kaltem Wasser abkühlen. Leicht ausdrücken und dann jeweils einen Teebeutel unter die Achselhöhlen und zwei Minuten halten. Auch Thymian, angefeuchtet und unter die Arme gerieben, bietet vorübergehenden Schutz vor Körpergeruch.

Extremes Schwitzen

Deodorant besorgen, das zwölf Prozent Aluminiumchlorid enthält, und dieses in allen Problemzonen verwenden: unter den Achseln, auf den Handflächen und unter den Füßen, im Gesicht, auf dem Rücken. Am besten leichte, nicht zu eng sitzende Kleidung tragen – möglichst aus Baumwolle in hellen Farben, da fallen Schweißflecken nicht so sehr auf.

AUF DIÄT

Rückfall mit Fressattacke

Sich selbst verzeihen und wieder von vorn beginnen. Fressattacken sind normal, wenn man eine strikte Diät durchzieht. Es ist eben nur ein vorübergehender Rückfall und kein Totalversagen – so muss man das sehen. Was von der Fressattacke übrig geblieben ist, entweder an Bekannte weitergeben oder wegwerfen. Kühl- und Vorratsschrank wieder mit gesunden Lebensmitteln auffüllen und die Diät fortsetzen.

Schokoladentorte

Nicht einen Bissen, auf gar keinen Fall! Wenn man erst einmal probiert hat, verputzt man gleich das ganze Stück. Und gar nicht erst auf defätistische Ausreden kommen nach dem Motto: »Ich werde sowieso nie wieder richtig schlank, dann kann ich jetzt auch ein Stück Torte essen.« Andererseits soll eine Diät auch nicht zur Selbstbestrafung geraten – anstelle des Kuchens ein gesundes Dessert essen, Obst zum Beispiel oder einen fettarmen Joghurt. Wenn man der Versuchung nicht widerstehen kann, den Raum verlassen, bis die Tischgenossen ihre Torte verspeist haben.

Heißhunger

Fünf bis sechs kleine Mahlzeiten am Tag sind besser als drei große. Denn drei bis vier Stunden nach einer großen Mahlzeit fällt der Blutzucker deutlich ab – und dann setzt der Jieper auf den nächsten Snack ein.

Im Urlaub

Die Kalorienzufuhr darauf ausrichten, das Gewicht zu halten – nicht auch noch im Urlaub abnehmen wollen. Gut frühstücken und auch mittags einen leichten Snack zu sich nehmen und nicht den Appetit für das große Abendessen aufsparen. Wenn das Essen auf einem Büfett aufgefahren wird, das Angebot erst einmal ohne Teller sichten und genau überlegen, was man essen möchte. Und kein Alkohol. Rechtzeitig eine höfliche Ausrede für den Fall ausdenken, dass man zu einem Essen eingeladen wird, bei dem besonders kalorienreiche Speisen gereicht werden, die man nicht ablehnen kann, ohne die Gastgeber zu kränken.

Mahlzeit ohne Schuldgefühle

Ungesalzene Brezeln

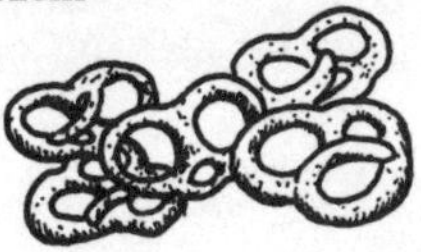

Popcorn ohne Butter

Brokkoli

Reiswaffeln

Pilze

Paprikaschoten

Salatgurke

Wasser

Diese Lebensmittel sind ohne jedes Schuldgefühl zu genießen – sie machen nicht dick.

☞ IM FITNESSSTUDIO

Sportschuhe stinken

Schuhe mit einer Lage Trocknertücher auslegen – die Dinger, die dafür sorgen, dass Wäsche gut riecht, wenn sie aus dem Trockner kommt. Schuhe über Nacht in separaten Gefrierbeuteln versiegeln. Am nächsten Morgen sollten sie wieder frisch und sauber riechen.

Überehrgeiziger Personal Trainer

Würgegeräusche machen und so tun, als hätte man sich bis zum Erbrechen verausgabt. Demonstratives Schlaffitum und hilfloses Schnaufen können ebenfalls helfen, einen ehrgeizigen Trainer zu bremsen. Aber man bewegt sich auf einem schmalen Grat: Eine miese Performance kann ihn auch anstacheln, seinen Kunden noch härter ranzunehmen.

Unter Langhantel eingeklemmt

Laut rufen und andere Sportler auf die eigene Zwangslage aufmerksam machen. Unter einer schweren Hantel kommt man ohne fremde Hilfe kaum wieder frei. Wenn man sich noch bewegen kann, Körper so in Position bringen, dass das Gewicht über der Brust von den Händen gehalten werden kann – da ist es besser zu kontrollieren als über dem Bauch, über dem Hals oder über dem Kopf.

Kurzhantel auf den Zeh gefallen

Fuß von der Hantel befreien, vorsichtig Schuh und Socke ausziehen. Wenn beim Bewegen der Zehen starke, stichartige Schmerzen auftreten, ist möglicherweise ein Zeh gebrochen, vielleicht sogar mehrere. Dann hinsetzen, Fuß entlasten und betroffene Zehen eine Viertelstunde mit Eis kühlen. Wattebäusche zwischen die Zehen stecken, den gebrochenen Zeh mit Tape an seinem Nachbarn festbinden. Vom Arzt röntgen lassen.

Schwindelattacke am Trainingsgerät

Gerät anhalten, Übung unterbrechen, hinsetzen oder -legen. Beim Aufstehen dann schön langsam, um nicht einen erneuten Schwindelanfall zu riskieren. Tief ein- und ausatmen, bis sich das Gefühl der Benommenheit gelegt hat. Ein Glas kaltes Wasser trinken.

Hygiene beim Training

Trainingsgeräte vor jeder Übung mit einem sauberen Handtuch abdecken. Wer da besonders empfindlich ist, sollte die Griffe der Maschinen nur mit doppelt gefalteten Papiertüchern anfassen. Hände gründlich mit Seife und Wasser waschen, bevor man sich das nächste Mal im Gesicht berührt.

Laufband außer Kontrolle

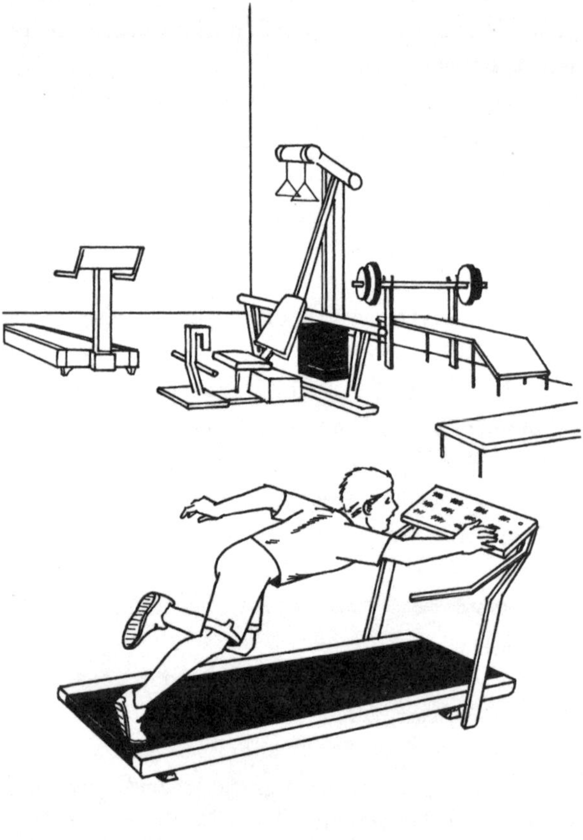

Noch einen Zahn zulegen und auf den Not-Aus-Schalter drücken oder an der roten Reißleine auf der Schaltkonsole ziehen, die ebenfalls dafür sorgt, dass das Band sofort anhält. Wenn sich beide Notbremsen nicht erreichen lassen, so gut wie möglich mit der Maschine Schritt halten und um Hilfe rufen.

Dichter Nebel in der Dampfsauna

Eine Hand ausgestreckt vor den Körper halten und vorsichtig vorwärtsgehen, bis die Hand eine Wand erreicht. Mit der Hand Kontakt zur Wand halten und der Wand bis zur nächsten Tür folgen. Andere Benutzer der Sauna warnen, damit es im undurchsichtigen Dampf nicht zu einer Kollision kommt. Alternative: Warten, bis sich der Nebel ein wenig gelichtet hat, und die Sauna vor dem nächsten Aufguss schnell verlassen.

BEIM JOGGEN

Überhitzt

Sofort anhalten. Schutz vor der Hitze suchen, im Schatten ausruhen. Viel trinken, Wasser oder ein isotonisches Sportgetränk. Mindestens dreißig Minuten warten, bevor man sich weiterbewegt. Schwindel, Schwächegefühl, Kopfschmerzen oder Herzrasen müssen erst wieder unter Kontrolle sein.

Krampf

Muskel massieren und dehnen, um die Blutzufuhr zu der betroffenen Partie zu verbessern. Mit Wasser oder einem isotonischen Sportgetränk die Flüssigkeitsreserven wieder auffüllen. Muskeln mit einem Eis-Pack kühlen. Wenn der Schmerz anhält, später eine Wärmebehandlung: ein warmes

Handtuch um den überbeanspruchten Muskel wickeln, mit einem elektrischen Heizkissen für Entspannung sorgen oder ein heißes Bad nehmen.

! *Schienbeine schmerzen*

Jede Form von Lauftraining stoppen. Ursache eines solchen »Schienbeinkanten-Syndroms« ist meist eine Veränderung im Training: ein Wechsel der Laufstrecke auf einen anderen Untergrund oder neues Schuhwerk, ein abrupt erhöhter Trainingsumfang oder eine veränderte Geschwindigkeit. Die Schmerzen können aber auch das Resultat einer falschen Lauftechnik sein: Bei einem harten Auftreten mit der Ferse beispielsweise schnellt der Vorfuß nach unten, was die Muskulatur im Schienbein stark beansprucht. Während der Laufpause auf andere Sportarten umsteigen – schwimmen, Rad fahren. Gegen akute Schmerzen: Schienbeine kühlen, mit Bandagen für Kompression sorgen, Beine hochlegen.

! *Verlaufen*

Hilft nix: umkehren und auf demselben Weg zurücklaufen oder Passanten nach dem Weg fragen. Auf abgelegenen und einsamen Laufstrecken an gut markierte Wege halten oder einer Straße folgen, bis man wieder bevölkerte Gegenden erreicht hat.

Hunderudelattacke

Schnell in ein Auto setzen oder in einem Haus in Sicherheit bringen – sofern erreichbar. Einige Hunderassen sind schon nach kurzer Jagd aus der Puste, aber andere können einen lang und ausdauernd über weite Distanzen verfolgen. Nur dann auf einen Baum klettern, wenn man schnell genug auf eine Höhe von mindestens 1,20 Meter gelangen kann.

❗ *Fuß im Schlagloch umgeknickt*

Gewicht, so gut es geht, auf den anderen Fuß verlagern, aus einem Ast eine provisorische Krücke basteln. Falls man Verbandszeug dabeihat: Knöchel fest bandagieren, um eine starke Schwellung zu verhindern und um den Fuß ruhigzustellen.

❗ *Knie plötzlich instabil*

Sofort hinsetzen und das betroffene Knie entlasten – kann sein, dass Bänder oder der Meniskus verletzt sind. Sobald der erste akute Schmerz abgeklungen ist, langsam nach Hause gehen und dabei das Knie möglichst wenig belasten. Mit Eis-Pack kühlen, drei- bis viermal am Tag für zehn Minuten. Nach zwei Tagen dann eine Behandlung mit Wärme: im heißen Bad, mit dem Heizkissen oder durch Salben, die Capsaicin enthalten, den »Heißmacher« der Chilischote. Gegen Schmerzen und eine mögliche Entzündung Ibuprofen nehmen. Knie mit einem elastischen Verband unterstützen. Und, wenn es geht, keine Treppen steigen. Ein Arzt wird möglicherweise Kortisonspritzen verschreiben oder ein Training der Muskulatur empfehlen, die das Knie stabilisiert.

☞ TATTOOS

! *Entzündet*

Die Tätowierung sofort von einem Arzt untersuchen lassen. Eine Entzündung nach dem Stechen ist ein ernsthafter medizinischer Notfall, das Tattoo eine großflächige Hautverletzung. Darauf achten, dass das Tätowierstudio sauber und mit Waschbecken und Heißwasser ausgestattet ist – und das Personal alle Geräte sterilisiert und bei der Arbeit Latexhandschuhe trägt. Wenn der Tattoo-Künstler Einmalnadeln verwendet, ihn bitten, dass er eine neue Nadel aus einer steril versiegelten Verpackung nimmt. Neues Tattoo täglich mit milder Seife waschen und desinfizieren.

! *Schmerzen beim Stechen*

Stelle auswählen, wo die Muskeln einen kräftigen Tonus haben und eine Tätowierung weniger schmerzhaft ist – etwa auf dem Bizeps oder der Rückseite der Wade. Empfindlich sind Regionen, wo die Haut dicht über den Knochen liegt, an Hand- oder Fußgelenken, an den Knien, über der Wirbelsäule oder am Schädel. Ein simples Motiv wählen, das durch klare Konturen wirkt und keine großen Flächen mit Farbe verlangt. Vor dem Stechen keinen Alkohol trinken oder Schmerztabletten nehmen. Beides wirkt als Blutverdünner, was zu starken Blutungen und einer misslungenen Tätowierung führen kann. Gegen den Schmerz hilft: Kopfhörer auf und Musik hören, Kaugummi kauen, einen Bleistift zwischen die Zähne stecken. Oder noch besser: die Prozedur einfach genießen.

Name der Ex / des Ex übermalen

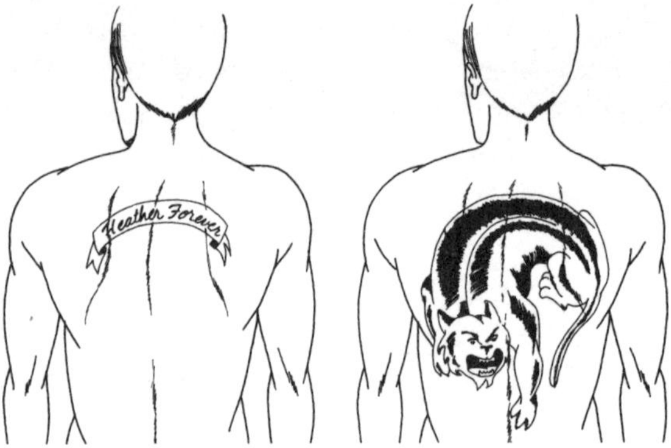

Mit einem größeren Tattoo in dunklerer Farbe überdecken, was am besten gelingt, wenn Konturen des ursprünglichen Motivs aufgenommen werden.

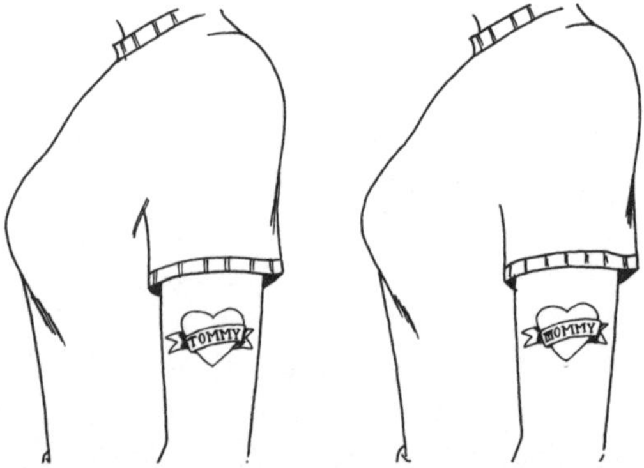

Namen oder Begriffe geschickt ändern, dass eine Aussage entsteht, die dem Wandel der Zeit standhält.

☞ PIERCINGS

Stichkanal entzündet

Schmuck nicht entfernen, sonst schließt sich das Loch, und die Infektion kapselt sich ab. Die betroffene Region sauber halten und darauf achten, dass sie nicht durch Kleidung oder Haare gereizt wird. Piercing täglich mit Reinigungsalkohol und einer entzündungshemmenden Salbe behandeln (bei Körperpiercings) oder mit antibiotischem Mundwasser spülen (bei Piercings der Zunge, Lippe). Hat sich die Stelle entzündet, muss möglicherweise mit Antibiotika behandelt werden. Bei Schwellung, Eiterbildung oder wenn sich die Haut um das Piercing heiß anfühlt, einen Arzt konsultieren. Weißer Ausfluss allein ist kein Zeichen einer Infektion – das ist bei einem neuen Piercing normal.

Loch zugewachsen

Piercing wiederholen lassen. Schmuck im Loch behalten, bis die Wunde vollständig ausgeheilt ist. Je nach Körperteil kann dieser Prozess vier Wochen bis sechs Monate dauern.

Piercing vor den Eltern verbergen

Kleidung tragen, die das Piercing geschickt verbirgt. Bei Löchern im Ohr: Haar lang tragen. Piercings in den Augenbrauen lassen sich hinter Sonnenbrillen mit einem dicken Gestell aus Kunststoff verstecken. Im Falle eines Zungenpiercings einfach so wenig wie möglich sprechen.

KAPITEL 5

SPORT UND HOBBY

☞ FUSSBALL

▮ *Als Fan unter Hooligans*

Kleidung oder Symbole verdecken, die verraten, wo die eigenen Sympathien liegen. Anfeuerungsrufe und Jubel möglichst neutral halten: »Aaaaaah!« – »Ooooooh!« Langsam in Richtung Ausgang manövrieren – falls jemand fragt: um aufs Klo zu gehen. Und dann einen neuen Platz suchen, wo es friedlicher zugeht. Wieder auf das Spiel konzentrieren.

▮ *Grätsche vermeiden*

Geschwindigkeit halten und den Ball im letzten Moment so vorlegen, dass er in die entgegengesetzte Richtung zum grätschenden Verteidiger läuft. Dann mit einem langen Schritt über die Beine des Angreifers springen. Ball wieder unter Kontrolle bringen – und Abschluss!

▮ *Elfer halten*

Wichtigste Regel: Nie den Schützen ansehen, sondern den Ball fixieren. Da dieser nur elf Meter entfernt ist, bleibt keine Zeit zu reagieren, wenn der Schütze erst einmal abgezogen hat. Also genau in dem Moment springen, wenn der Fuß den Ball trifft. Man muss sich in diesem Sekundenbruchteil für eine Richtung entscheiden. Linksfüße schießen eher nach rechts, Rechtsfüße eher nach links, nur die wenigsten hoch. Glück gehört immer dazu, aber der Torwart kann nachhelfen: Wenn er sich nur zehn oder zwanzig Zentimeter von der Tormitte entfernt aufstellt, wird der Elferschütze in der Regel auf die größere Lücke zielen – das haben japanische Forscher nachgewiesen. Mit ausgestreckten

Armen in die entsprechende Richtung hechten, so lang wie möglich machen, um so viel Fläche abzudecken, wie es irgend geht.

Debatte mit dem Schiri

Höflich und respektvoll im Ton bleiben, die eigene Position klar und sachlich schildern. Unter keinen Umständen den Schiedsrichter berühren, ihn bedrängen oder gar bedrohen. Wenn es fortgesetzt Ärger mit einem bestimmten Spieler der gegnerischen Mannschaft gibt, den Schiri sachte darum bitten, dass er den Mann im Auge behält.

Perfekter Kopfball

Flugkurve genau antizipieren und dem Ball rechtzeitig entgegenspringen. In der Luft die Beine anziehen, durch Bogenspannung im Rücken Schwung holen für den Kopfball. Vor dem eigentlichen Stoß Nackenmuskeln anspannen, Ball mit der breiten Fläche der Stirn direkt über den Augenbrauen treffen.

BASKETBALL

Harter Ring, weicher Ring

Das ist etwas für Experten: Wie fest der Ring am Brett montiert ist, kann darüber entscheiden, ob der Ball drin ist. Ein »weicher« Rim lässt den Ball nicht so stark springen, er verzeiht auch mal einen unpräzisen Wurf. Dem Ball einen leichten Rückwärtsdrall versetzen und auf die vordere Hälfte des Rings zielen, sodass er den Rim nur so gerade eben berührt. Bei einem »harten« Ring muss man näher ran an den Korb oder über das Brett in den Korb spielen, weil der Ball sonst von dem unnachgiebigen Rim wieder abprallt.

! *Perfekter Freiwurf*

Ein Wurf wie jeder andere – so muss man an die Sache rangehen. Den Bewegungsablauf hat man automatisiert, es kommt ganz auf die Konzentration an: alles andere ausblenden, tief und gleichmäßig atmen, ein durch die Nase, aus durch den Mund. Vor dem geistigen Auge sehen, wie der Ball auf den Korb zufliegt und sauber durchs Netz geht. Dann – wie es sich gehört – die vordere Kante des Rings fixieren und werfen.

! *Beim Slam Dunk blamiert*

Im amerikanischen Basketball-Slang gibt es dafür einen eigenen Ausdruck: Wenn der Angreifer sich beim Slam Dunk so spektakulär über den Verteidiger schraubt, dass ein Foto davon das Zeug zum Poster hat, dann sagen sie, der Mann in der Defensive wurde »posterized« – eine schlimme Blamage. Um das zu verhindern, muss man als Verteidiger so hoch springen, wie man nur kann, und mit den Händen die Unterarme des Angreifers abwehren, damit er nicht die Lufthoheit gewinnt. Nicht den Ball selbst erobern wollen – es reicht schon, wenn man den Angreifer bei der Ballkontrolle stört.

Brett zerdeppert

Kann bei Plexiglasbrettern schon mal passieren, wenn die Halterung des Rings bei einem Slam Dunk aus der Halterung gerissen wird. Weil Ring und Plexiglassplitter nach vorn ins Spielfeld fallen, schnell über die Auslinie hinter dem Korb treten. Nach vorn beugen und den Kopf mit den Armen schützen.

Hochball gewinnen

Timing ist alles: Genau in dem Moment abspringen, in dem der Ball die Hand des Schiedsrichters verlässt. Wenn man gegen einen kleineren Spieler antritt, warten, bis der Ball den höchsten Punkt seiner Flugkurve erreicht hat, und dann in Richtung der eigenen Mitspieler schlagen. Ist der Gegenspieler größer, versuchen, den Ball zu erwischen, bevor er den höchsten Punkt erreicht.

Peinliche No-Name-Schuhe

Auch dafür haben Amerikas Basketballer einen eigenen Namen: »Bobos« nennen sie Billigtreter, die nicht mit den angesagten Markenzeichen verziert sind. Da hilft nur eins: ein effizientes, ausgekochtes Spiel der alten Schule. Keine wilden Würfe, keine Show-Pässe, sondern nüchtern ackern, sauber in der Verteidigung, kompromisslos beim Rebound. Besser ein solider Auftritt in peinlichen Latschen als ein peinliches Spiel in Super-Schuhen.

Offensivfoul provozieren

Erkennen, wo der Angreifer hinwill – und dann vor ihm da sein. Arme vor dem Körper verschränken, sodass der Unterleib geschützt ist – und dann beim ersten Kontakt mit dem Gegner rückwärts fallen lassen. Dabei die Arme ausstrecken, um die Wucht des Aufpralls abzufangen und mit theatralischer Geste den Schiedsrichter zu alarmieren. Im Fußball gibt es einen Freistoß für den Gegner, wenn man ihn auflaufen lässt. Beim Basketball wird man dafür belohnt.

EISHOCKEY

Puck fliegt ins Publikum

Ducken und Kopf mit den Armen schützen, wenn auf dem Eis ein Schlag danebengeht. Als Zuschauer immer den Puck im Blick behalten, solange er im Spiel ist.

Stock zerbrochen

Mit den Bruchstücken der Bank zuwinken, um Trainer und Reservespieler zu alarmieren. Dann Stock sofort fallen lassen. Es gilt Regel 605: »Ein Spieler, dessen Stock gebrochen ist, kann unter der Voraussetzung am Spiel teilnehmen, dass er die zerbrochenen Stücke unverzüglich fallen lässt.« Zur Bank skaten und entweder einen neuen Stock holen oder – wenn die Spielsituation das gerade nicht erlaubt – direkt raus, damit ein anderer Spieler aufs Eis kann.

Prügelei auf dem Eis

Trikot und Schulterpolster des Gegenspielers packen und ihm über den Kopf ziehen. Wenn man sich schon im Nahkampf verkeilt hat, den Arm des Gegners greifen, der am weitesten entfernt ist – mit dem wird er nämlich zuschlagen wollen. Kopf nach vorn beugen, Nase und Kinn schützen.

Bodycheck an der Bande überleben

Kurz vor dem Zusammenprall gesamten Körper anspannen. In die Hocke gehen, um mehr Kraft entwickeln zu können, und dann mit beiden Armen von der Bande abdrücken.

Grundsätzlich sollte man in der Nähe der Bande immer auf einen harten Bodycheck vorbereitet sein – und dabei aber locker bleiben.

☞ GOLF

! *Aus dem Bunker befreien*

In einem Winkel von etwa dreißig Grad links vom Ball stehen und die Füße ein wenig in den Sand »eingraben«, denn der Schlag geht tiefer als sonst: Man zielt auf eine Stelle fünf bis zehn Zentimeter vor dem Ball und schlägt in den Sand und »unter« den Ball. Um den dämpfenden Effekt des Sands zu kompensieren, muss der Schlag im Verhältnis zur angepeilten Entfernung relativ kräftig sein. Schläger trotzdem mit ruhiger, pendelartiger Bewegung schwingen.

! *Golfball trifft Zuschauer*

Sicherstellen, dass keine ernsthafte Verletzung vorliegt. Und dann für den Vorfall entschuldigen. Dem Getroffenen anbieten, den Golfball zu signieren, und darauf verweisen, dass er später einmal viel wert sein könnte – wenn man erst einmal das kleine Problem mit dem Schwung bewältigt hat.

! *Frust ablassen, ohne den Schläger wegzuschmeißen*

Den gesamten Körper anspannen – Bauch, Schulter, alles. Fäuste ballen, Zähne zusammenbeißen und langsam bis zehn zählen. Dann loslassen, Muskeln entspannen. Ausatmen und wieder bis zehn zählen. Immer noch frustriert? Dann noch mal von vorn.

! *Im Gegenwind abschlagen*

Einen möglichst flachen Ball spielen, die Experten sprechen von einem »Punch«. Dabei muss der Ball gleich beim Abschlag nach unten gedrückt werden, damit er nicht die übliche hohe Flugbahn bekommt. Schläger nicht nach oben durchschwingen lassen, sondern nach dem Abschlag bewusst in Brusthöhe in Richtung Ziel lenken. Beim Spiel aufs Grün kann ruhig ein kräftiger, hoher Schlag gespielt werden – der Gegenwind sorgt schon dafür, dass der Ball wieder nach unten gedrückt wird und am Boden schnell zur Ruhe kommt.

! *Partner verstößt gegen Dresscode*

Den Partner beide Taschen tragen lassen. So tun, als würde man ihn bei jedem Schlag noch kurz konsultieren, wie man das bei einem Caddy machen würde – vor allem, wenn andere Klubmitglieder in Sichtweite sind. Sich vom Partner bei der Auswahl der Schläger »beraten« lassen.

Plötzliches Gewitter

Wenn man den Donner zum ersten Mal hört, ist das Gewitter noch etwa fünfzehn Kilometer entfernt. Sind die ersten Blitze zu sehen, kann man rechnen: Der Schall breitet sich mit einer Geschwindigkeit von 333 Meter pro Sekunde aus. Zehn Sekunden zwischen Blitz und Donner bedeuten also eine Entfernung von gut drei Kilometern. Wenn sich das Klubhaus nicht mehr erreichen lässt, möglichst eine Senke im Gelände aufsuchen und von frei stehenden Bäumen fernhalten. Ist die elektrische Ladung schon spürbar, etwa an einem Kribbeln der Haut oder an abstehenden Haaren, mit geschlossenen Beinen am Boden zusammenkauern, um ein möglichst kleines Ziel abzugeben. Hände über die Ohren, denn ein in der Nähe einschlagender Blitz ist sehr laut. Sicherheit bietet ein Golfwagen – wie Autos oder Flugzeuge bildet er einen faradayschen Käfig.

TENNIS

Schläger kaputt

Den Punkt noch mit den gerissenen Saiten zu Ende spielen, etwas anderes bleibt einem nicht übrig. Sowie entschieden ist, wer den Punkt gewonnen hat, darf man das Racket wechseln. Wenn die Saite bei einem ersten Aufschlag reißt, der aber ins Aus geht, erlauben die Regeln ebenfalls einen schnellen Tausch des Schlägers. Aber der Gegner darf dann seinen ersten Aufschlag wiederholen.

Kein Netz

Wäscheleine zwischen den Netzpfosten spannen – oder irgendeine andere haltbare Verbindung, die sich aus Schnüren, Plastiktüten oder Jacken herstellen lässt. Alle Bälle die unter der Leine durchgehen, sind »im Netz«. Um das Hindernis sichtbarer zu machen, kann man noch Laken, Handtücher oder Kleidungsstücke über die Leine hängen. Wenn auch die Netzpfosten fehlen oder sich nichts zum Knoten und Hängen findet, tut es zur Not auch eine Reihe von Stühlen.

Schmerzen im Unterarm

Arm vor dem Körper ausstrecken und das Handgelenk nach unten klappen. Finger mit der anderen Hand in Richtung Körper ziehen und Muskulatur im Unterarm dehnen. Wenn das nicht ohne Schmerzen möglich ist, kurze Spielpause einlegen. Zehn Minuten mit Eis kühlen.

Überehrgeiziger Gegenspieler

Tempo aus dem Match nehmen. Bei jedem Wechsel der Seiten bewusst langsam agieren, um den Gegner aus dem Takt zu bringen. Öfter mal eine Trinkpause einlegen, in aller Ruhe die Saiten des eigenen Schlägers prüfen und dann noch mal prüfen. Den Gegenspieler mit freundlichen Fragen zu seinem Aufschlag oder Schläger nerven.

Balljunge verletzt

Wenn er mit dem Fuß umgeknickt ist oder sich am Handgelenk verletzt hat: auf den Rücken legen und das betroffene Körperteil höher lagern, um eine mögliche Schwellung zu reduzieren. Gut zureden, bis ärztliche Hilfe kommt.

200-Stundenkilometer-Aufschlag retournieren

Ausholbewegung auf ein Minimum reduzieren, der Ball wird nur »geblockt«, um den Druck des gegnerischen Aufschlags mitzunehmen. Ein schwacher Return wird gnadenlos ausgenutzt – also Mut zum Risiko, nicht zurückweichen, sondern in den Ball gehen.

SCHWIMMEN

Entzündung im Ohr

Heißt unter Schwimmern »Bade-Otitis« oder »Taucherohr«. Im Wasser des Schwimmbads weicht die Haut des Gehörgangs auf, durch kleinere Verletzungen, Kratzer dringen Bakterien, Viren oder Pilze ein, es kommt zur Entzündung. Dagegen hilft: Gehörgang vorsichtig säubern und mit antibakteriellen Ohrentropfen behandeln. Anfangs mit Arznei getränkte Mullstreifen einlegen, damit die Wirkstoffe direkt und dauerhaft im Gehörgang einwirken können.

Wasser färbt Haare grün

Haare vor dem Schwimmen anfeuchten und Spülung einmassieren. Eine eng sitzende Badekappe darüberziehen, damit das Haar möglichst wenig Kontakt zum Wasser hat. Das Chlor im Schwimmbad lässt die Metalle im Wasser oxidieren, Kupfer und Eisen vor allem – und die verändern die Haarfarbe. Wenn die blonden Locken bereits grün schimmern, helfen spezielle Shampoos, die einen sogenannten Chelat-Bildner enthalten, der Chlor, Kupfer und andere Metalle entfernt.

! *Wasser in der Nase*

Durch den Mund tief Luft holen, dann Kopf unter Wasser und kräftig durch die Nase auspusten. Über Wasser erneut nach Luft schnappen und den Vorgang wiederholen.

! *Bei der Wende Badehose verloren*

In aller Ruhe weiterschwimmen und am Ende der Bahn wenden, als wäre nichts passiert. Bei der nächsten Begegnung mit der eigenen Badehose ganz überrascht tun – und die Büx wieder anziehen. Eventuelle Beobachter werden sich später eher an die totale Hingabe und Konzentration erinnern als die vorübergehende Blöße.

! *Gegenverkehr schiebt große Welle*

Eigene Geschwindigkeit so einrichten, dass man wendet, wenn der Schwimmer auf der benachbarten Bahn gerade das ferne Ende erreicht hat – so hat man den Kontakt mit der Bugwelle des Gegenverkehrs auf ein Minimum reduziert. Wenn das Problem sich so nicht beseitigen lässt, bei der nächsten Begegnung einen kräftigen Hustenanfall in Richtung des rücksichtslosen Wellenschiebers vortäuschen.

▪ *Krampf im Bein*

Sofort auf den Rücken drehen und versuchen, das krampfende Bein aus dem Wasser zu heben. Eine Hand massiert das schmerzende Bein, die andere sorgt für eine stabile Schwimmlage. Wenn einen der Krampf auf offenem Wasser erwischt, vorsichtig in Rückenlage Richtung Ufer schwimmen. Ein Krampf kündigt sich in der Regel an: Sobald man erste Anzeichen spürt, Schwimmstil wechseln, die Bewegung ändern.

▪ *Schwimmen in Eiswasser*

Laut brüllen und kreischen, um die Adrenalin-Produktion anzukurbeln – und dann erst in das eisige Wasser springen. Eine alte Decke zum Sitzen mitbringen, damit Badehose oder Badeanzug nicht am Boden festfrieren. Neoprensocken oder Badeschuhe tragen, um sich vor scharfen Eiskanten zu schützen. Socken und Extralagen warmer Kleidung nicht vergessen. Thermosflasche mit einem warmen Getränk mitbringen, um das Zähneklappern zu bekämpfen.

☞ RADFAHREN

▪ *Kette abgesprungen*

Absteigen und Kette wieder auflegen – erst hinten, dann vorn. Es genügt, ein paar Glieder oben auf das kleinste vordere Kettenblatt zu legen. Hinterrad anheben und Kurbel langsam vorwärtsdrehen, bis das Blatt die Kette wieder ganz gegriffen hat. Bei Rädern mit Gangschaltung wieder auf den Gang stellen, der ursprünglich eingelegt war – und weiter geht's.

! *Schlüssel für Fahrradschloss verloren*

Bei alten Bügelschlössern hilft ein einfacher Trick: Bei einem Bic-Kugelschreiber – oder jedem anderen Kuli aus Plastik, der ungefähr den Durchmesser hat wie der Schlüssel – Kappe abnehmen und vier kleine Schlitze in den Schaft schneiden. Ins Schloss stecken und im Uhrzeigersinn drehen. Mit ein wenig Geduld hat man das Schloss schnell geöffnet. Bei Schlössern neuerer Bauart hilft nur ein ausreichend dimensionierter Bolzenschneider.

! *Kein Licht am Rad*

Umziehen hilft: Das hellste Kleidungsstück – etwa ein weißes Hemd oder T-Shirt – nach außen tragen. Notreflektor aus Alufolie basteln und einen Streifen hinten so in die Hose stecken, dass er über den Sattel hängt. Eine Route wählen, die durch Straßenlaternen gut ausgeleuchtet ist. Und zusätzlich Lautsignale geben: singen oder jauchzen.

Kollision mit Autotür

Gewicht nach hinten verlagern und in den Pedalen über dem Sattel stehen. Nur mit den Bremsen am Hinterrad bremsen. Im Zweifelsfall lieber in die Tür krachen, als bei einem Ausweichmanöver von hinten überfahren zu werden. Und nach dem Crash so schnell wie möglich runter von der Straße – der nachfolgende Verkehr ist bei solchen Unfällen schon vielen Radfahrern zum Verhängnis geworden.

Überleben ohne Fahrradweg

Auf der Straße im Verkehrsfluss fahren und immer mindestens einen Meter Abstand zu geparkten Autos halten – siehe oben. Besondere Vorsicht ist bei Wagen geboten, die direkt vor einem anhalten oder einparken. In beiden Fällen muss man damit rechnen, dass eine Tür geöffnet wird. Nur so schnell radeln, dass jederzeit eine kontrollierte Vollbremsung möglich bleibt. Und natürlich immer einen Helm tragen.

Schnürsenkel oder Hose in der Kette

Bremsen und Gleichgewicht halten, dann mit dem freien Fuß sicheren Stand finden und Rad erst einmal von der Straße manövrieren. Kette mit einer Hand direkt am Kettenblatt (oder bei Kettenschaltung hinter dem Umwerfer) greifen und vorsichtig nach hinten ziehen, bis Hose oder Schnürsenkel aus der Kette befreit sind.

☞ SKIFAHREN

Kollision

Abwarten, bis man nicht mehr rutscht. Vor jeder weiteren Bewegung erst einmal in Ruhe prüfen, ob alles heil geblieben ist. Vorsichtig mit den Zehen und Fingern wackeln, Hände und Füße bewegen, Arme und Beine beugen. Wenn dabei keine ernsthafte Verletzung erkennbar wird, auf die Seite wälzen und hinsetzen. Dann schauen, wie es dem anderen Skifahrer ergangen ist – und, wenn nötig, Erste Hilfe leisten.

! *Lift steckt fest*

Jacke so weit wie möglich schließen, Kapuze ins Gesicht ziehen und dicht an den Nachbarn rücken, um sich gegenseitig zu wärmen. Auf keinen Fall versuchen, aus dem Lift auf den Boden zu springen, auch wenn die Distanz nicht groß erscheint. Von oben lässt sich nicht abschätzen, wie der Grund unter dem Schnee beschaffen ist, die Gefahr einer ernsthaften Verletzung ist groß. Also sitzen bleiben, bis sich der Lift wieder in Bewegung setzt oder Hilfe kommt.

! *Lawine*

Immer versuchen, an der Oberfläche der bergab rasenden Schneemassen zu bleiben – gegen den Schnee treten und mit kraulartigen Bewegungen »schwimmen«. Die größte Gefahr liegt im Staubereich: Wenn die Lawine zum Halten kommt, wird man leicht von nachfließenden Schneemassen verschüttet. Rechtzeitig Hände und Arme schützend vor das Gesicht halten, um sich einen Hohlraum zum Atmen zu sichern. Ist der Schnee zur Ruhe gekommen, so schnell wie möglich versuchen, Arme und Beine zu bewegen – wenn sich die Lawine erst einmal gesetzt hat, wird sie hart wie Beton.

! *Ski verloren*

Auf einem Ski weiterfahren. Dabei das freie Bein über dem verbleibenden Ski halten, um die Balance zu wahren. Sauber kanten, um Richtung und Geschwindigkeit zu kontrollieren.

Schneeblind

Sofort aus dem Licht und nach drinnen. Augen mit keimfreiem Wasser spülen und kühlen, dann mit kalten Kompressen bedecken und vierundzwanzig Stunden schonen. Falls sich das nicht durchhalten lässt, Schlitze in den Verbandsmull schneiden und eine möglichst dunkle Sonnenbrille aufsetzen, um den Lichteinfall auf ein Minimum zu reduzieren.

Unterkühlt

Langsam wieder aufwärmen: Mehrere Lagen trockener und luftdurchlässiger Kleidung anziehen. Gut sind Wolle und andere Fasern, die Feuchtigkeit aufnehmen. In Bewegung bleiben, warme Flüssigkeiten trinken und Snacks essen, die einen hohen Zuckergehalt haben oder viel Kohlenhydrate enthalten. Wenn man nicht allein ist, Körperkontakt nutzen, um sich aufzuwärmen. Kein Alkohol, kein Koffein, kein Nikotin.

Erfrierungen

So schnell wie möglich nach drinnen und raus aus den feuchten oder nassen Klamotten. Betroffene Körperteile unter lauwarmes Wasser halten, bis das Gefühl zurückkehrt. Kein heißes Wasser verwenden, weil die Schmerzrezeptoren in der Haut noch betäubt sind und die Gefahr einer Verbrennung besteht. Trockene Kleidung anziehen und ein warmes Getränk zubereiten. Erfrorene Stellen mit sterilen Kompressen abdecken und darauf achten, dass die vom Frost geschädigten Hautpartien vor Reibung geschützt sind.

SEGELN

Getränke nicht kalt genug

Flasche in eine nasse Socke stecken oder mit einem nassen Handtuch umwickeln und in den Wind stellen. Das Wasser verdunstet und geht dabei von flüssigem in gasförmigen Zustand über: Aus Wasser wird Dampf. Die Energie für diesen Prozess entziehen die Wasserteilchen der warmen Flasche – sie kühlt ab. Es ist dasselbe Prinzip, das bei altmodischen Feldflaschen mit ihrer Filzhülle wirkt. Der Filz wird feucht gehalten, der Inhalt der Flasche bleibt kalt.

Riss oder Loch im Ölzeug

Jacke oder Hose trocknen lassen, dann Riss oder Loch verkleben, zum Beispiel mit Duct Tape, das hat eigentlich jeder Segler dabei. Das Universalklebeband wurde von dem amerikanischen Konzern Johnson & Johnson ursprünglich fürs Militär entwickelt – um Munitionskisten abzudichten. Die Soldaten merkten schnell, dass sich mit dem Klebeband alles zusammenhalten ließ. Es ist reißfest, wasserdicht und hat eine sehr hohe Klebkraft. Alternative: ein vulkanisierender Kleber, der verschiedene Gewebearten oder Materialien wie PVC, Gummi, Neopren oder Nylon klebt. Gehört eigentlich auch in jede Werkzeugkiste.

Gewitter auf See

Es drohen gleich zwei Gefahren: plötzlich auftretende Sturmböen und Blitzschlag. Gegen den Wind rechtzeitig wappnen – Segel reffen oder bergen. Dass ein Blitz das Boot trifft, ist extrem unwahrscheinlich, kommt aber vor.

In Stahljachten sitzt man in einem faradayschen Käfig und ist weniger gefährdet. Bei Booten aus Kunststoff oder Holz muss man selbst für den Blitzableiter sorgen, also Mast, Wanten und Stage rechtzeitig »erden« – etwa indem man dicke Kupferkabel daranklemmt und ins Wasser hängen lässt. Alternativ kann man auch die Ankerkette ums Vorstag wickeln und im Wasser baumeln lassen. Eine Garantie, dass man den seltenen Fall eines Einschlags unbeschadet übersteht, bietet das allerdings alles nicht. Der Rat eines deutschen Weltumseglers: beten.

! *Ankerketten auf dem Grund verheddert*

Der Bootsnachbar hat sich beim Anlegen vor Anker mit seiner Kette über die eigene gelegt, sodass man das eigene Grundeisen nicht raus bekommt. Passiert, ist aber kein Grund zur Hektik, beide Schiffe liegen ja schön fest. Eine zwei, drei Meter lange Leine auf dem Vorschiff bereitlegen, dann den Anker hochziehen, so weit es geht (was leichter geht, wenn die andere Jacht selbst etwas mehr Kette oder Ankerleine rauslässt). Dann die vorbereitete Leine unter der fremden Kette durchfädeln und an Deck belegen. Den eigenen Anker wieder ablassen. Die fremde Kette hängt an der Leine – das Grundeisen ist frei und kann eingeholt werden.

! *Mann über Bord*

Zeit für das Standardprogramm, das jeder Segelschüler immer wieder geübt hat:

- Lauter Ruf »Mann über Bord!«
- Wenn der Motor läuft – auskuppeln
- Rettungsring oder -kragen zuwerfen
- Mann im Wasser im Auge behalten
- Boot schnell zum Verunglückten zurück
- Mann auf der windgeschützten Seite an Bord holen

Was selten geübt wird, ist die eigentliche Bergung. Einen Mann, der in nassen Klamotten hundert Kilo und mehr wiegt, bekommt man nicht mal eben per Hand an Bord gezogen. Wenn er noch bei Bewusstsein ist, eine feste Schlinge über Bord hängen, so hat er schon mal Halt mit den Füßen. Dann Flaschenzug bauen, in Lifebelt oder Rettungsweste einhaken und Mann an Deck ziehen. Bei Bewusstlosen: Segel oben an der Bordwand befestigen, unter dem Mann im Wasser durchziehen – und das lose Ende mit dem Flaschenzug hochziehen.

ANGELN

Außenborder streikt

Ursache sind häufig verschmutzte Unterbrecherkontakte. Zum Reinigen den Unterbrecherarm aufdrücken und eine saubere Visitenkarte zwischen die Kontakte stecken. Den Arm loslassen, sodass die Karte zwischen den Kontakten klemmt. Dann die Visitenkarte durch die geschlossenen Kontakte ziehen und so Öl und Fett entfernen.

Leck im Boot

Rettungsweste flach über dem Leck ausbreiten und mit schwerem Gegenstand als Notstopfen sichern. Eingedrungenes Wasser mit Tasse oder irgendeinem anderen Gefäß ausschöpfen. Und direkt Kurs auf das nächste Ufer nehmen.

Wasser läuft in die Watstiefel

Aufrecht stehen, damit einen das Gewicht des Wassers im Stiefel nicht aus der Balance bringt. Mit der Angelrute als Stütze an Land waten. Am Ufer entweder die Stiefel ausziehen und ausleeren oder an einem Hang so hinlegen, dass das Wasser ablaufen kann.

Im Anglerlatein triumphieren

Kumpel seine Geschichte erzählen lassen – und dabei in Ruhe schon das Detail ausgucken, das man später übertrumpfen will (Größe der Beute, Zahl der gefangenen Fische, Länge des Drills). Die Faustregel: Auf alles dreißig Prozent draufrechnen, das klingt immer plausibel. Wenn es ein echter Triumph werden soll, mit hundert Prozent Aufschlag arbeiten und mit zusätzlichen Widrigkeiten garnieren – raues Wetter, technische Probleme mit dem Boot oder Equipment.

Angelhaken im Finger

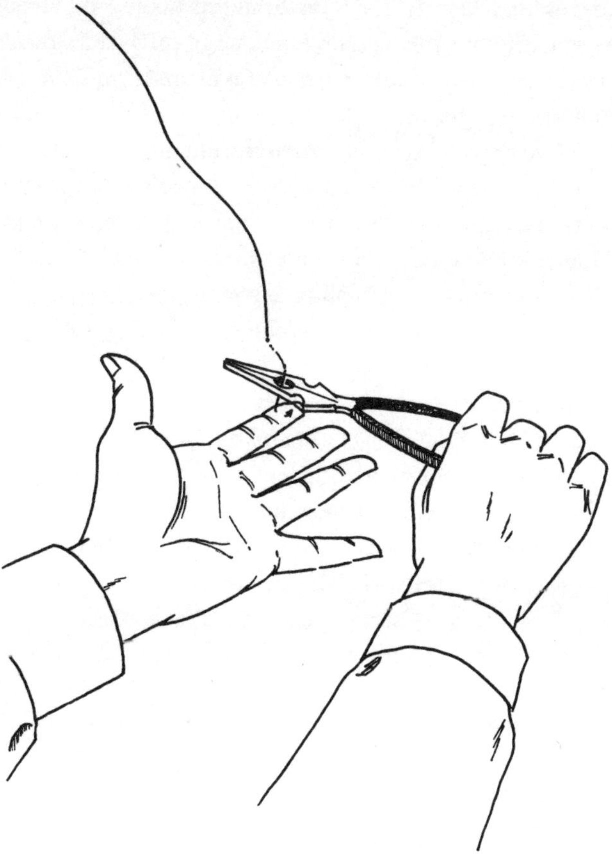

Das hintere Ende des Hakens mit einer Zange abkneifen – und dann den Part ohne Widerhaken durch die Wunde ziehen. Gut desinfizieren und die Wunde mit einem Pflaster oder Verband versorgen.

☞ HÖHLENKLETTERN

❗ *Stirnlampe defekt*

In aller Ruhe die Augen an die Dunkelheit gewöhnen lassen (und es kann bis zu einer Stunde dauern, bis sich die Augen vollständig vom grellen Licht der Lampe auf die Finsternis eingestellt haben). Während dieser Wartezeit vor dem inneren Auge die bisherige Wegstrecke so weit wie möglich zurückverfolgen und sich markante Stellen ins Gedächtnis rufen. Dann vorsichtig denselben Weg zurückgehen, den man gekommen ist. Auf sicheren Tritt achten und mit den Händen Kontakt zu den Wänden halten. Wer eine Uhr mit selbstleuchtendem Ziffernblatt oder ein Handy dabeihat, kann diese als Notleuchte verwenden.

❗ *In Engstelle eingeklemmt*

Tief ausatmen, um auch noch den letzten Rest Luft aus der Lunge zu quetschen, und dann durch die Engstelle zwängen. Sofern möglich, lose Steinchen oder Sand von der Wand kratzen, um noch ein paar Millimeter mehr Platz zu gewinnen. Kleidung und Ausrüstung ablegen, die eventuell den Körperumfang vergrößern.

❗ *Unter herabfallendem Felsen begraben*

Mit jedem Hilfsmittel, das zur Hand ist, an den Kanten des Felsens graben – manchmal reicht schon das kleinste Stück, um das Gewicht eines Brockens zu verlagern und sich aus der Klemme zu befreien. Mit kleineren Steinen oder Stöcken versuchen, einen Hebel anzusetzen. Dabei aber die eigenen

Kräfte einteilen und vor allem aufpassen, dass man nicht zu schnell an Körpertemperatur verliert. Begleiter losschicken und Hilfe holen lassen. Wenn man allein unterwegs ist, in regelmäßigen Abständen um Hilfe rufen, bis der Suchtrupp eintrifft, der nachforscht, warum man nicht wieder aus der Höhle herausgekommen ist. Deshalb nie vergessen: Vorher draußen Bescheid sagen, wie und wo man einsteigen will – und wie lange die Tour unter Tage voraussichtlich dauern wird.

! *Hand tastet etwas Pelziges*

Vorsichtig und langsam zurückweichen – in Nordamerika zum Beispiel besteht durchaus die Gefahr, dass man auf einen Bären gestoßen ist, der in der Höhle seinen Winterschlaf hält. Also möglichst leise in Richtung Höhlenausgang bewegen. Wenn die Bären aufwachen, bleibt nur eins: rennen. Nichts wie raus aus der Höhle und so weit weg vom Eingang, wie es geht.

☞ REITEN

! *Pferd stolpert*

In einem ruhigen Ton auf das Pferd einreden, dazu einen sanften Klaps auf den Hals. Wenn es weiter nervös reagiert, absteigen und einen Moment am Zügel führen, bis es sich wieder gefangen hat. Und kurz prüfen, ob das Pferd möglicherweise ein Hufeisen verloren hat.

Durchs Wasser

Am Ufer nach einer Stelle suchen, wo fester Untergrund dem Pferd einen sicheren Stand bietet. Einen Moment innehalten, damit das Pferd Gelegenheit hat, sich selbst mit der Situation vertraut zu machen. Dann langsam und vorsichtig ins Wasser dirigieren. Das Pferd dabei selbst das Tempo bestimmen lassen, Zügel sehr lose führen. Nur mit leichtem Schenkeldruck vorwärts- und auf der anderen Seite die Uferböschung hinauftreiben.

Hintern schonen

Gleichmäßigen und sicheren Sitz im Sattel finden, Körperspannung halten, möglichst wenig Auf und Ab zulassen. Lange und robuste Hosen tragen, darunter am besten glatte Unterwäsche, etwa aus Lycra, um Reibung oder gar Scheuern zu reduzieren.

Pferd geht durch

Mit den Füßen sofort aus den Steigbügeln, Zügel loslassen. Mit beiden Armen den Hals des bockenden Pferds umfassen und an einer Flanke heruntergleiten lassen. Sobald die Füße auf dem Boden sind, vom Pferd wegstoßen, um nicht unter seine Hufe zu geraten. Dieses Manöver für absolute Notsituationen nennen Reiter im Englischen »Emergency Dismount«.

WELLENREITEN

Hai in Sicht

Ruhig bleiben, keine Hektik – und die Bewegungen im Wasser auf ein Minimum reduzieren. Mit kontrollierten Schlägen sofort in Richtung Ufer paddeln, dabei möglichst wenig platschen. Andere Schwimmer in der Nähe alarmieren.

Streit um Vorfahrt

Der alte Konflikt zwischen den »Locals« und den Touristen: Wem gehört die Welle? In fremden Revieren auf jeden Fall abwarten, bis man dran ist. Keinen Drop-in, also nicht starten, wenn schon ein anderer Surfer auf der Welle ist, auch wenn man schon noch so lange wartet. Im Zweifelsfall nicht gleich die erste Welle eines Sets surfen. Rücksicht nehmen – allerdings ohne dabei als völlig ahnungslos rüberzukommen. Respekt und Anerkennung gewinnt man nur durch Kompetenz.

Wipe-out

Luft anhalten und den Schleudergang mitmachen, bis die Welle einen wieder loslässt. Nicht gegen die Welle ankämpfen – sie ist immer stärker. Wenn man in der großen Waschmaschine die Orientierung verloren hat, Leash folgen: Die Sicherheitsleine führt immer zum Brett an der Oberfläche.

! *Bewusstloser Surfer*

Schnell auf dem eigenen Brett ans Ufer bringen, möglichst in stabiler Seitenlage, damit die Atemwege frei bleiben. Erst wenn fester Untergrund erreicht ist, Atmung und Puls kontrollieren und gegebenenfalls Herz-Lungen-Wiederbelebung beginnen.

☞ BOWLING / KEGELN

! *Leihschuhe stinken*

Schuhe vorher mit einer Lage Trocknertücher auslegen (die sorgen sonst eigentlich dafür, dass Wäsche gut riecht, wenn sie aus dem Trockner kommt). Man muss dann nur darauf achten, dass man die Schuhe fest zuschnürt, damit man auf der »Einlage« nicht rutscht.

! *Finger stecken in der Kugel fest*

Ball auf dem Boden platzieren und Finger hin und her drehen, bis sie sich aus den Löchern ziehen lassen. Notfalls mit ein bisschen Flüssigkeit nachhelfen (vorzugsweise Wasser, nicht Bier oder Limo), um die Knöchel rutschiger zu machen. Lassen sich die Finger immer noch nicht befreien, Öl anwenden oder auf das Fett vom Grillteller aus der Snackbar zurückgreifen. Falls das alles nicht funktioniert, Hand samt Bowlingkugel in einen Bottich mit Eiswasser stecken. Dann nur noch warten, bis die Schwellung der Finger nachgelassen hat – und mit einer Drehbewegung aus den Grifflöchern befreien.

Kugel fällt auf den Fuß

Bowlingschuh und Socke ausziehen, damit das Blut frei zirkulieren kann. Hinsetzen, Fuß hochlegen und kühlen. Versuchen, mit den Zehen zu wackeln. Wenn das Schwierigkeiten bereitet, sind möglicherweise Knochen gebrochen, was sich ein Arzt ansehen sollte. Lassen sich die Zehen ohne Mühe bewegen und lässt der Schmerz allmählich nach, noch einmal mit Eis kühlen – und dann den Durchgang zu Ende spielen.

Ball landet dauernd in der Rinne

Anlauf und Schwung noch einmal überprüfen. Zur Ausgangsstellung mit dem linken Fuß (bei Rechtshändern) auf einen der »Locator Dots« auf der Anlauffläche stellen, Schultern parallel zur Foullinie. (Bei Linkshändern den rechten Fuß auf den Punkt.) Beim Anlauf den Ball nach hinten schwingen lassen – dabei lässt man einfach das Gewicht des Balls arbeiten. Rechtzeitig zur Abgabe die Kugel wie ein Pendel nach vorn schwingen. Dabei den mittleren Pfeil auf der Lauffläche anvisieren. Ball loslassen und Arm in Richtung der Pins durchschwingen lassen.

Verflixt: Pin 7 und 10 bleiben stehen

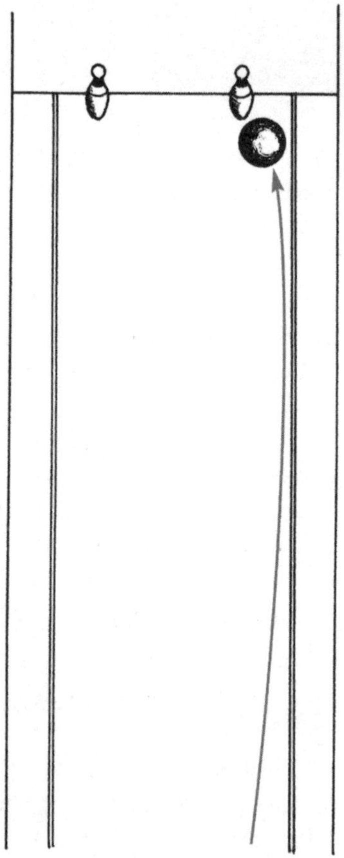

Rechtshänder sollten auf die rechte Seite der 10 zielen, Linkshänder auf die linke Seite der 7. Ball mit Kraft und starker Rotation werfen – mit ein wenig Glück wird der Pin von der Rückwand abprallen und so trotz des extremen »Splits« auch den anderen abräumen.

☞ YOGA

■ *Rutschige Yogamatte*

Von der Matte treten und zur Tür gehen, wo der Boden nicht ganz sauber ist. Füße und Handballen mit Staub und Sand »imprägnieren«. Die rauen Partikel sollten dafür sorgen, dass man auf der glitschigen Matte einen besseren Halt hat.

■ *Nachbar riecht streng*

Ein wenig indisches Patschuli oder Parfüm unter die Nase reiben. Falls das nicht ausreicht, möglichst nur noch durch den Mund ein- und durch die Nase ausatmen.

■ *Rechts-links-Verwirrung*

Bei den komplexeren Positionen ist manchmal nur schwer zu erkennen, welches der linke Fuß oder die rechte Hand ist. Also markieren – mit einem Gummiband oder Zopfgummi um das rechte Handgelenk oder einem Schnürsenkel um den linken Fuß.

■ *Blähungen*

Die Lippen schürzen und in dem Moment laut ausatmen, da man einen fahren lassen muss. Das laute Pusten unbedingt einen Moment länger anhalten, als die Blähungen währen. Wenn die Soundeffekte die Aufmerksamkeit der anderen Teilnehmer wecken, in der eigenen Konzentration versinkend glückselig lächeln.

Im Lotussitz verknotet

Tief einatmen, um zur Ruhe zu kommen. Vier Sekunden einatmen, vier Sekunden halten – und vier Sekunden ausatmen. Dabei den eigenen Puls als Taktgeber nehmen.

Eine Hand unter den oben liegenden Fuß, die andere Hand auf das Knie des oberen Beins. Mit der Kraft der Arme Fuß leicht anheben und nach vorn schieben, dann das Bein ganz ausstrecken. Auch den anderen Fuß vorsichtig anheben und strecken. Die Muskeln beider Beine entspannen lassen, dann erst aufstehen.

Schwindelanfall beim Bikram Yoga

Den stark geheizten Raum verlassen und draußen vor der Tür abkühlen. Im Sitzen den Kopf zwischen den Knien halten, bis der Schwindel nachlässt. Viel trinken – und den Yogakurs für diesen Tag beenden.

Unerwünschte Anmache vom Yogalehrer

In allen Position so ungelenk und ungeschickt anstellen wie möglich. Bei jeder neuen Stellung jammern und sofort in Tränen ausbrechen, wenn man von jemandem angesprochen wird. Am Ende der Sitzung dem Lehrer mitteilen, dass man Yoga als Freizeitbeschäftigung grundsätzlich okay finde, aber Menschen nicht verstehe, die ihr Leben mit nichts anderem verbringen, weil es doch ganz offensichtlich die reine Zeitverschwendung sei.

KAPITEL 6

☞ BEI DER ARBEIT

☞ IM BÜRO

Peinliche Party unter Kollegen

Sofort eine plausible Ausrede für einen frühen Abgang überlegen. Im Raum vom Eingang aus gesehen im Uhrzeigersinn einen Kreis beschreiben und dabei jedem Kollegen von den außergewöhnlichen Umständen erzählen, die es einem leider unmöglich machen, länger zu bleiben (Babysitter ausgebucht, Haustier krank, Grippe im Anflug). Wenn sich die Party kurz vor Vollendung der Runde als doch nicht so schlecht entpuppt, einfach bleiben. Wenn sie so peinlich ist wie befürchtet, schnell zur Tür raus.

Büro-Casanova baggert

Mit einem Kollegen ein Notsignal verabreden – zum Beispiel ein dreimaliges kurzes Husten –, als Signal an den eingeweihten Mitarbeiter, die Bagger-Versuche Casanovas durch die Erinnerung an ein »dringendes Meeting« zu durchkreuzen. Ansonsten darauf achten, dass in einer Gruppensituation immer ein Puffer von zwei bis drei Kollegen zum Casanova besteht.

Umgang mit dem Kalauer-Kollegen

Rechtzeitig auf die Pointe vorbereiten und als Reaktion nie mehr zeigen, als der Witzbold als minimales Zeichen der Aufmerksamkeit erwartet. Ein anerkennendes leises Stöhnen reicht, ansonsten das universell anwendbare »ah« oder vielleicht noch ein »hehe« als Erwiderung. Schnell das Thema wechseln oder gleich das Weite suchen.

Unbehagliches Schweigen im Fahrstuhl

Themen wie das Wetter oder die Raumtemperatur sind gute Eisbrecher. Oder den kommenden Urlaub ansprechen – und dann auf eine Reaktion warten. Als Gesprächsstoff eignen sich auch populäre Fernsehsendungen, die jüngsten Spiele der Bundesliga oder die Bemerkung, man sei wieder mal grässlich müde. Wenn die Stille trotzdem anhält, auf den Boden oder an die Wände starren, bis das Ziel erreicht ist. Und dann nichts wie raus.

❗ *Chef/in lässt sich nicht abschütteln*

Urlaub und freie Tage langfristig planen und mit großem Vorlauf ankündigen. Dem Boss oder der Chefin behutsam beibringen, dass man nicht immer zur Verfügung steht, indem man besonders früh zur Arbeit kommt, abends aber auch früher geht. So wird die gemeinsame Zeit auf ein Minimum reduziert, ohne die anstehenden Aufgaben zu vernachlässigen. Alternativ kann man einen Tag vorarbeiten und sich am nächsten Tag krankmelden. Der Vorgesetzte soll merken, dass die Abwesenheit seines Mitarbeiters nicht gleich ins Chaos führt. Die Strategie darf man allerdings nicht überreizen, sonst läuft man Gefahr, dass der Chef zu dem Schluss kommt, dass er einen eigentlich gar nicht mehr braucht.

❗ *Chef/in hält einen auf Abstand*

Immer auf dem Laufenden halten, was im Büro passiert – also dafür sorgen, dass man in allen Mail-Verteilern steht und kein Meeting verpasst. Alle relevanten Projekte mit Kollegen besprechen, um genauer zu verstehen, welche Details einem der Boss vorenthält. Alles lesen, was aus dem gemeinsamen Drucker kommt und den Namen des Chefs trägt. Den Vorgesetzten wissen lassen, wie gut man über alles im Bilde ist, um sein Vertrauen zu gewinnen und schließlich auch in die wirklich wichtigen Projekte eingeweiht zu werden. Aber vorsichtig: Größere Nähe und Beteiligung haben ebenfalls ihren Preis, siehe vorheriger Eintrag.

SCHAUSPIELER / PROMI

Stolpern auf dem roten Teppich

Den Fehltritt elegant als Tanzeinlage interpretieren und ein paar entsprechende Schritte folgen lassen.

Aggressive Paparazzi

Auf einen Punkt hinter den Paparazzi deuten und laut rufen: »He, das ist doch ...« (Namen einer unter zwanzigjährigen Schauspielerin folgen lassen). Schnell umdrehen und in die entgegengesetzte Richtung verschwinden.

Dankesrede für Preis vergessen

Allen danken, mit denen man sonst Ferien oder Feiertage verbringen muss – also Ehepartnern, Kindern, Eltern, Großeltern, Geschwistern, Onkel und Tanten, Neffen und Nichten, geliebten Haustieren, und zwar aktuellen wie verstorbenen. Die Aufzählung durchhalten, bis das Orchester einsetzt und einen dazu drängt, zum Ende zu kommen. Dann ganz schnell runter von der Bühne.

Nicht auf der Gästeliste

Die Person neben einem in der Schlange ins Vertrauen ziehen und darum bitten, dem Türsteher zuzurufen: »Hey, wisst ihr, wer hier ist? Habt ihr überhaupt eine Ahnung, wer hier bei euch in der Schlange steht?« Vorsichtshalber der Person den eigenen Namen zuflüstern, falls diese ebenfalls keine Ahnung haben sollte, wer ihn da um diesen Gefallen bittet.

Agent ruft nicht zurück

Die Agentur anrufen, aber nicht vom eigenen Telefon, und vorgeben, der wichtigste Kunde des Agenten zu sein. So tun, als hätte man sich soeben zur Entziehungskur einweisen lassen – das sollte genügen, um die Aufmerksamkeit der Mitarbeiter zu wecken. Wenn dann der eigene Agent an der Strippe ist, sich zu erkennen geben und einen Termin verlangen. Und zwar in seinem Büro, denn da ist es für den Agenten schwieriger, einem Besuch zu entgehen.

Sex-Video im Internet veröffentlicht

Durchatmen und gar nichts tun. In so einer Situation hat man die Kontrolle über den weiteren Lauf der Dinge erst einmal verloren. Es wird nicht lange dauern, bis kompromittierende Bilder eines anderen Stars im Netz auftauchen, die den eigenen Fehltritt in den Schatten stellen. Die Zeit bis dahin nutzen und die undichte Stelle ausfindig machen – und natürlich jegliches weitere peinliche Material aus dem Verkehr ziehen, das auf keinen Fall seinen Weg in die Öffentlichkeit finden soll.

MUSIKER

Finger bluten vom Gitarrenspiel

Eine dünne Schicht Sekundenkleber auf die Fingerspitzen schmieren (Experten sprechen auch von der »Stevie-Ray-Vaughan-Technik«). Und weniger starke Saiten aufziehen, sofern sich das mit dem eigenen Stil vereinbaren lässt.

Flügel auf der Bühne kollabiert

Ruhig liegen bleiben. Bühnenarbeiter und Zuhörer in der ersten Reihe haben ja mitbekommen, was gerade passiert ist, und werden schnell eingreifen. Ein normaler Stutzflügel wiegt um die 250 Kilo, da kommt man ohne fremde Hilfe nicht allein raus – und mit jeder falschen Bewegung riskiert man weitere Verletzungen. Auf regelmäßige Atmung achten, auf die eigenen Gedanken konzentrieren. Am besten die letzten vor dem Unfall gespielten Passagen noch einmal im Kopf durchgehen, wie man es auch beim Üben tun würde.

Nebelmaschine auf der Bühne defekt

Die Lichter im Saal dimmen, am Bühnenrand Kerzen aufstellen. Verstärker aus – und stattdessen unplugged auftreten. Dabei sollte die gesamte Band auf Barhockern sitzen. Erst kurz vor Schluss wieder die volle Soundanlage einschalten und die Zugabe »elektrisch« spielen. Vor dem Abgang von der Bühne die Hocker umtreten.

❗ *Ohrenstöpsel für den Notfall*

Eine Cocktailserviette falten und zu einem schmalen Kegel rollen. Die Spitze mit Wasser befeuchten (nicht mit Alkohol) und so ins Ohr stecken, dass der Pfropfen fest sitzt, aber nicht drückt. Darauf achten, dass mindestens ein Zentimeter der Serviette aus dem Ohr herausguckt, damit sie nach dem Konzert leicht entfernt werden kann. Beim anderen Ohr dieselbe Prozedur.

❗ *Nervige Zwischenrufer*

Am besten gar nicht erst auf den Störenfried eingehen, auch wenn er noch so ausfallend wird. Wenn er direkt vor der Bühne steht, hat der größte Teil des Publikums gar nichts davon mitbekommen, und jede Reaktion würde nur unnötig Aufmerksamkeit auf den Zwischenrufer lenken. Selbst wenn sein Störmanöver laut und deutlich zu hören ist, einfach weiterspielen. Die Sympathie der Zuhörer liegt auf jeden Fall beim Künstler auf der Bühne.

❗ *Nicht bei Stimme*

Alle drei bis vier Stunden mit Salzwasser gurgeln. Danach Kräutertee mit Zitrone und zwei Esslöffeln Honig trinken. Grundsätzlich am Tag vor dem Konzert viel Wasser zu sich nehmen. Die Stimme schonen und so wenig wie möglich sprechen, am besten nur schriftlich kommunizieren, per E-Mail, Chat oder SMS.

☞ AN DER SUPERMARKTKASSE

! *Unbeaufsichtigtes Kind flippt aus*

Auf das Kind zugehen und fragen, ob sein Name Lukas sei (oder Paul oder Max – das spielt in der ersten Anrede keine Rolle). Das Kind wird das sehr wahrscheinlich korrigieren wollen und mit dem richtigen Namen antworten. Dann in ruhigem und freundlichem Ton sagen: »Ja, genau. Ich habe gerade gehört, wie jemand nach ... (richtigen Namen nennen) gerufen hat, drüben an der Obst- und Gemüsetheke.« Das Kind fragen, mit wem es in den Supermarkt gekommen ist, und Hilfe bei der Suche anbieten. Wenn die Begleitung gefunden ist, die Erwachsenen höflich darauf hinweisen, dass sie ihren Nachwuchs nicht unbeaufsichtigt lassen sollten.

! *Räuber an den Körben mit loser Ware*

Eine Aufgabe improvisieren, die einen in der Nähe der Auslagen mit loser Ware beschäftigt hält – wie etwa die Packungen im Müsli-Regal sortieren. Der Kunde verbringt im Schnitt nicht mehr als fünfzehn Minuten im Supermarkt – einschließlich der Wartezeit an der Kasse. Man wird den Räuber also nicht zu lange davon abhalten müssen, sich den Mund vollzustopfen. Seine innere Uhr wird ihm schon bald sagen, dass es an der Zeit ist weiterzuziehen.

Schnellkassen-Betrüger

Den Kunden trotzdem bedienen und nicht an eine normale Kasse weiterschicken, um eine Konfrontation zu vermeiden. Seine Einkäufe einscannen und dabei höflich darauf hinweisen, dass die Expresskasse eigentlich nur für eine bestimmte Artikelzahl gedacht sei und man ihn dieses Mal *ausnahmsweise* abfertige. Den Kunden in der Schlange hinter ihm zuliebe solle er sich beim nächsten Einkauf bitte an diese Regel erinnern.

Kollaps der Orangen-Pyramide

Auf den Boden werfen und ganz lang machen. So viel Fläche in der Horizontalen mit dem Körper abdecken wie möglich, um zu verhindern, dass die Früchte noch in die hintersten Ecken des Ladens kullern. Nicht versuchen, den Kollaps an der Spitze aufzuhalten – die Struktur der Pyramide ist so stabil, dass die Obstlawine von selbst wieder zum Stehen kommt.

Kunde zahlt mit Centmünzen

Münzen großflächig auf der Theke ausbreiten. Die fünf Fingerspitzen einer Hand auf fünf Centstücke am Rand der Theke legen und über die Kante in die andere Hand schieben – und dabei laut mitzählen: »Fünf!« Den Prozess wiederholen, bis alle Münzen gezählt sind. Wenn ein Euro in der Hand, die das Geld auffängt, zusammengekommen sind, den Betrag in die Kasse leeren.

Einkaufstüte reißt

Mit der freien Hand so viel wie möglich vom oberen Rand der Tüte greifen und gleichzeitig die Tüte schnell, aber behutsam absetzen – auf dem Boden, im Einkaufswagen, auf dem Packtisch. Zwei neue Tüten ineinanderstecken, sodass die Henkel genau parallel sind, und neben der zerrissenen Tüte platzieren. Die geplatzte Tüte unten fassen, um den Riss zu entlasten, und in den vorbereiteten Ersatz bugsieren. Eine stabile Klotzbodentüte aus Papier ist bis maximal sieben bis acht Kilo reißfest – sofern sie gleichmäßig bepackt und vorsichtig getragen wird. Da aber beim Tragen an den Griffen starke Torsionskräfte auftreten, sollte man schon ab einem Gewicht von fünf Kilo lieber gleich mit zwei Tüten arbeiten.

VERKÄUFER IM EINZELHANDEL

Gedudel in Endlosschleife

Mit den Kollegen zusammentun und sich gegenseitig mit »Ohrwürmern« anstecken. Bei manchen Songs reicht schon der Titel, und man hat eine eingängige Melodie im Kopf, die verdrängt, was aus den Lautsprechern im Laden kommt. Besonders wirkungsvoll sind Klassiker wie »Satisfaction« von den Rolling Stones, »Y. M. C. A.« von Village People oder »Who Let The Dogs Out« von Baha Men.

Plötzliches Gedränge am Wühltisch

Den Körper seitlich drehen und so durch die übermotivierten Kunden schieben, dass man den äußeren Rand des Gewühls erreicht. Dann immer mindestens eine Auslage Abstand zu den Artikeln halten, die gerade reißenden Absatz finden. Wenn aus dem Gedränge gar kein Entkommen ist, die Arme vor der Brust verschränken, um noch frei atmen zu können. Unter keinen Umständen den Halt verlieren und unter die Füße der anstürmenden Kundschaft geraten.

Ladendieb

Immer besonders wachsam sein, wenn jemand die übrigen Kunden oder Angestellten beobachtet – Diebe müssen immer genau im Auge haben, was gerade im Laden passiert. Und natürlich auf markante Beulen und Wülste unter Jacken und Mänteln achten sowie auf Kundschaft, die mit offensichtlich leeren Taschen oder Tüten das Geschäft betritt. Wenn jemand sich besonders auffällig und unkoordiniert bewegt, kann das ebenfalls ein Zeichen dafür sein, dass Diebesgut unter der Kleidung versteckt wird. Den potenziellen Ladendieb auf sich aufmerksam machen – er soll wissen, dass er beobachtet wird. Grundsätzlich das Sortiment immer so organisieren, dass sofort auffällt, wenn etwas fehlt. Und natürlich immer die Umkleidekabinen im Blick behalten.

❗ *Immer lächeln*

Die folgende Übung vor dem Spiegel absolvieren, um die Muskeln zu trainieren, die man zum Lächeln braucht – und dabei jeden Schritt zehn Sekunden durchhalten:
1. Mundwinkel zurückziehen und den Mund dabei geschlossen halten.
2. Lippen leicht öffnen, sodass die Zähne gerade eben zu sehen sind. Mundwinkel gerade lassen.
3. Wangen anheben und so das Lächeln in die Länge ziehen. Die Zähne sollten jetzt komplett zu sehen sein.
4. Auf Position 2 zurückgehen und entspannen.
5. Auf Position 1 zurückgehen und halten.
Das Ganze vor Arbeitsbeginn mehrmals durchgehen, um sich für die Schicht aufzuwärmen, und nach Dienstschluss wiederholen, um die Muskeln in ihren Normalzustand zurückzubringen.

❗ *Krampf im Bein vom Stehen*

Das schmerzende Bein anheben und strecken, um die Muskeln zu dehnen. Die Zehen abwechselnd strecken und anziehen, den Fuß im Gelenk kreisen lassen. Den krampfenden Muskel dreißig Sekunden massieren. Das Bein schütteln, mehrmals auf den Boden stampfen. Dann zur Auflockerung ein paar Minuten schnell gehen. Grundsätzlich darauf achten, dass man sich ausgewogen ernährt und ausreichend mit Mineralstoffen versorgt. Bananen beispielsweise enthalten viele Mineralstoffe. Auch Magnesium kann vorbeugend gegen Krämpfe wirken. Außerdem die Beine einmal pro Stunde strecken und dehnen.

☞ BARKEEPER

❗ *Kneipenschlägerei*

Falls vorhanden, den Türsteher alarmieren. Polizei verständigen. Gästen in unmittelbarer Nähe der Schlägerei sagen, dass sie auf keinen Fall eingreifen sollen. Und unter keinen Umständen versuchen, die Streithähne selbst zu trennen – sie könnten bewaffnet sein.

❗ *Von Gast angebaggert*

Vorgeben, dass man verheiratet ist – und den Ehering nur deshalb nicht trägt, um beim Abwaschen die Gläser nicht zu zerkratzen. Dem Gast vorschlagen, ihn anderen Singles in der Bar vorzustellen – vorausgesetzt, dass diese einer solchen Vermittlung nicht abgeneigt sind. Dabei besteht natürlich die Gefahr, dass man sich nachher von beiden Parteien die Klagen anhören muss, wenn es schiefgegangen ist.

❗ *Gast braucht einen Therapeuten*

Den Gast einfach reden lassen. Mitfühlend nicken. Wenn der Gast um Rat bittet, die Frage umformulieren und als Gegenfrage zurückgeben: »Was meinen Sie selbst, wie eine Lösung aussehen könnte?« Versuchen, andere Gäste in das Gespräch einzubeziehen – diese werden nur zu gern ihren Senf dazugeben. Der Kundschaft auf keinen Fall widersprechen – und unter keinen Umständen eine eigene Meinung zum Sachverhalt äußern. Sonst droht bei der nächsten Gelegenheit ein ausführliches Update aus dem Leben des Betroffenen. Immer so tun, als wäre man anderweitig beschäftigt: Gläser waschen oder abtrocknen, Zitronen schneiden, die Schalen mit den Knabbereien auffüllen. Bloß nicht in die Beichten oder Klagen des Gastes hineinziehen lassen.

! *Flambieren setzt Theke in Brand*

Ein nasses Handtuch über den Brandherd werfen und mit der Spülbrause Wasser auf die Theke sprühen, um ein Übergreifen der Flammen zu verhindern. Die Gäste bitten, einen Schritt von der Theke zurückzutreten, bis das Feuer gelöscht ist.

! *Kneipe überfüllt*

Blickkontakt zu den Gästen aufnehmen und ihnen sagen: »Kleinen Moment, ich bin gleich bei Ihnen.« Wenigstens ungefähr die Reihenfolge merken, in der die Kundschaft gekommen ist, und dann entsprechend bedienen. Mehrere Bestellungen gleichzeitig aufnehmen und dabei vorausplanen, welche Arbeitsschritte zusammengelegt werden können. »Multitasking« lautet das Zauberwort. Also: Ein Glas unter den Zapfhahn stellen und das Bier laufen lassen und gleichzeitig nach Wein oder Whisky greifen, um den nächsten Drink auszuschenken. Gläser bei Mixgetränken immer so nebeneinanderstellen, dass mit einer Flasche gleich mehrere Gläser mit demselben Grundstoff – Gin, Wodka, Whisky – befüllt werden können. Immer mit beiden Händen arbeiten. Und das schmückende Beiwerk wie Limetten, Zitrone und Orangen sollte man selbstverständlich schon vor der Schicht geschnitten haben.

☞ KELLNER

Trinkgeld-Verweigerer

Den Gast offen ansprechen, ob mit seiner Bestellung oder dem Service etwas nicht in Ordnung war. Etwa so: »Was hätten wir besser machen können, um Ihnen die Zeit bei uns angenehmer zu gestalten?«

Zechpreller

Schnell hinter den Gästen her und sie darauf hinweisen, dass sie offenbar »vergessen« haben, ihre Rechnung zu begleichen. Höflich zu unterschlagen, dass möglicherweise Absicht dahintersteckt, macht es leichter, die peinliche Situation ohne Aufsehen oder Ärger zu bereinigen. Wenn die Kundschaft sich dann immer noch weigert oder gar die Flucht ergreift, die Polizei rufen.

Bestellung falsch

Sofort zurücknehmen und die falsche Bestellung stornieren. In der Küche Bescheid geben, dass die neue Order Priorität hat – und sicherstellen, dass das tatsächlich bestellte Gericht so schnell wie möglich auf den Tisch kommt.

Küche zu langsam

Bei den Gästen für die Verzögerung entschuldigen – aber keine Erklärungen oder Ausreden liefern, warum es so lange dauert. Stattdessen einen Drink auf Kosten des Hauses anbieten.

Der Restaurantkritiker kommt

Nicht anmerken lassen, dass man den Gourmetkritiker erkannt hat, und nicht gleich losrennen, um die Belegschaft zu warnen. Erst beim nächsten Routinegang in die Küche Geschäftsführer und Chefkoch alarmieren. Der Manager sollte dann die Bedienung in Kenntnis setzen, einen nach dem anderen, sowie sie in der Küche erscheinen. Parole: Alle sollen sich von ihrer besten Seite zeigen – aber unter keinen Umständen anmerken lassen, dass der Besuch des Kritikers besondere Umstände macht.

☞ ZOOWÄRTER

Pandas paaren sich nicht

Das Panda-Haus ganz schließen und Männchen und Weibchen sofort trennen, sobald erste Anzeichen zu erkennen sind, dass die Bärin läufig ist. Wenn sie den Höhepunkt ihrer Fruchtbarkeit erreicht hat, was nur an zwei Tagen im Jahr der Fall ist, die Bären wieder zusammenführen. Dem Panda-Männchen in der Zwischenzeit Videos von sich paarenden Artgenossen zeigen, damit er weiß, worauf es ankommt.

Lama spuckt

Das Lama erst einmal für fünfzehn bis zwanzig Minuten in Ruhe lassen, bis es sich beruhigt hat. Zoobesucher auf Abstand halten. Lamas spucken, wenn ihnen etwas nicht passt oder sie belästigt werden; dabei attackieren sie Menschen ebenso wie Artgenossen. Wenn das Lama seine Ohren anlegt und die Schnauze hebt, macht es sich bereit zum Spucken. Dann schnell außer Reichweite. Die »Spucke« besteht meist aus halb verdautem Mageninhalt, eine halbflüssige, grünliche und übel riechende Substanz. Zeigt das Lama öfter Anzeichen von mieser Laune, ein Schild am Lamagehege anbringen und dadurch die Zoobesucher warnen.

! *Zebra tritt aus*

Abstand halten. Zebras treten nach hinten aus, wenn man ihnen von hinten zu nahe kommt, aber sie können auch mit den Vorderbeinen kräftig austeilen, wenn sie sich bedroht fühlen. Ihre Tritte sind durchaus gefährlich: Mit ihren Hinterbeinen können Zebras einem Krokodil mühelos den Kiefer brechen.

! *Bisse im Streichelzoo*

Bisswunden mit Wasser und Seife säubern. Mindestens fünf Minuten seifen und schrubben, sofern die Haut nicht sichtbar verletzt ist. Eventuelle Blutungen mit einem Druckverband stoppen, dann gründlich desinfizieren (mit Jod, Chlorhexidin oder Alkohol). Wenn die Haut verletzt ist, dem Gast empfehlen, einen Arzt aufzusuchen – der muss dann entscheiden, ob eine Tollwutimpfung oder eine Tetanusauffrischung notwendig ist.

Affen entwischen

Schnell die Bresche schließen. Dann die Affen in ihre Behausung zurücklocken – das gelingt mit reifen Bananen, Orangen oder anderen Leckerbissen. Den »Lockstoff« im Käfig auslegen und aus der Hand anbieten. Damit »belohnt« man zwar ihre Flucht aus dem Käfig, aber das muss man in Kauf nehmen, wenn man die Affen nur schnell wieder einfangen will. Sollten sie sich nämlich weigern, in ihr Gehege zurückzukehren, bleibt nur noch, sie zu betäuben, um sie dann einzusammeln.

KAPITEL 7

☞ AUF REISEN

☞ AUF SAFARI

❗ *Löwen*

In ein Fahrzeug mit geschlossenem Dach zurückziehen, alle Fenster hochkurbeln und an einen sicheren Ort weiterfahren. Wenn sie nicht gerade völlig ausgehungert sind oder bedroht werden, greifen Löwen in der Regel keine Menschen an. Aber wer ihnen in freier Wildbahn begegnet, muss sich der Gefahr bewusst sein. Die Raubkatzen können aus jeder Position attackieren – und springen sogar ins Wasser oder klettern auf Bäume, um ihre Beute zu stellen.

❗ *Nashornangriff*

Zum nächsten Baum rennen und schnell mindestens zwei Meter nach oben klettern – so hoch kommt das Nashorn, wenn es mit seinem Horn attackiert. Falls kein Baum in der Nähe ist, in dichtem Gestrüpp verstecken. Sollte auch das keine Option sein, bleibt nur eins: sich dem Nashorn stellen und so laut brüllen, wie es geht. Dann dreht es möglicherweise noch im letzten Augenblick ab.

❗ *Hyänen*

Kinder oder ältere Teilnehmer der Safari sofort in Sicherheit bringen, wenn tiefes Grunzen oder Knurren, das charakteristische Lachen und Kreischen ertönt. Hyänen sind zwar Aasfresser, aber sie greifen auch Menschen an, wenn sie zahlen- und kräftemäßig überlegen sind. Reviere meiden, in denen Großkatzen wie Löwen und Geparden gerade frisch Beute geschlagen haben, besonders nachts – denn das ist die Zeit der Hyänen.

Giraffen in Panik

Schnell zum nächsten Wasserlauf oder Tümpel flüchten und ins Wasser waten. Wenn sie nicht unbedingt trinken müssen, machen Giraffen in der Regel einen großen Bogen um Wasser. Sollte es in unmittelbarer Nähe kein Gewässer geben, auf einen Baum klettern. Die größte Gefahr, die von einer anstürmenden Herde Giraffen ausgeht, sind die großen Hufe der Tiere.

☞ IM DSCHUNGEL

Verirrt

Dem Lauf eines Flusses folgen, denn die meisten Siedlungen liegen entweder direkt am Wasser oder ganz in der Nähe. Unterwegs Zweige abreißen oder kleinere Pflanzen ausrupfen, um eine Spur zu hinterlassen, für den Fall, dass man denselben Weg wieder zurückverfolgen muss. Die Spitze eines Termitenhaufens aufbrechen und sich mit dem Baumaterial einreiben; es wirkt als natürliches Insektenschutzmittel.

Von Leopard verfolgt

Einen Fluss oder ein anderes Gewässer queren, um den Leoparden von der Geruchsspur abzubringen. Das Wasser selbst bietet übrigens keinen Schutz: Leoparden fressen auch Fische und sind exzellente Schwimmer. Die Raubkatzen klettern auf Bäume, um ihre Beute von oben zu beobachten, und sind nur schwer auszumachen, wenn sie sich an ihr Opfer heranpirschen. Deshalb empfiehlt es sich, Gegenden zu meiden, in denen es ein großes Angebot an Nagern und anderen kleinen Säugetieren für die Leoparden gibt.

Im Würgegriff einer Königsboa (Boa constrictor)

Nicht gegen die Schlange ankämpfen oder sie mit Schlägen traktieren – sie wird nur noch fester zudrücken. Langsam und vorsichtig vom Ende her abwickeln, egal ob man Kopf oder Schwanzspitze erreichen kann. Wenn man die Schlange am Kopf greift, muss man ihn weit vom eigenen Körper weghalten, um nicht gebissen zu werden. Obwohl die bis zu drei Meter lange Boa ihre Beute mit Muskelkraft erstickt, besitzt sie wie alle Schlangen lange und spitze Zähne.

An Liane schwingen

Eine dicke grüne Liane auswählen oder drei dünnere Stränge zu einem Seil flechten. Mit einem kräftigen Ruck die Tragfähigkeit testen. Liane mit beiden Händen fest greifen und einen möglichst großen Anlauf nehmen. Losrennen und mit kräftigem Absprung in die gewünschte Richtung schwingen. Liane erst loslassen, wenn man sicher über dem Ziel angelangt ist.

Wasser aus Lianen trinken

So weit oben, wie man eben greifen kann, eine Kerbe in die Liane schneiden. Dann so tief wie möglich unter dem ersten Schnitt abschneiden und das austretende Wasser in einem Gefäß auffangen oder direkt aus der Liane trinken. Wenn der letzte Tropfen versiegt ist, oben einen weiteren Schnitt machen und den Prozess wiederholen, bis sich kein Wasser mehr gewinnen lässt. Die Methode funktioniert bei vielen Kletterpflanzen – aber nicht bei allen ist die so gewonnene Flüssigkeit für Menschen genießbar.

☞ IN DER WÜSTE

❗ *Kamel läuft Amok*

Sanft, aber stetig an den Zügeln ziehen – und das Kamel weiter in die Richtung lenken, in die sein Kopf zeigt. Nicht ruckartig an den Zügeln reißen und nicht einfach nach hinten zerren. Wenn es einen Sattel gibt, am Horn festhalten. Das Kamel wird sich schließlich beruhigen und zu seinem normalen Trott zurückkehren. Sobald es den Zügeln wieder folgt, in einen Kreis führen und langsam zum Halten kommen. Absteigen und dabei die Zügel nicht aus der Hand geben.

❗ *Sandsturm*

Halstuch anfeuchten und so umbinden, dass Mund und Nase bedeckt sind, außerdem ein T-Shirt oder Handtuch um den Kopf wickeln. Höher liegendes Gelände aufsuchen und Schutz suchen – zum Beispiel auf der windabgewandten Seite eines Hügels. Dem Sturm den Rücken zuwenden. Falls man ein Fahrzeug hat, mit dem Heck in den Wind stellen, damit die Windschutzscheibe nicht durch den fliegenden Sand zerkratzt wird.

❗ *Wasser suchen*

Mit einem flachen Stein oder geeignetem Gerät nach Wasser graben. Die Chancen sind am besten dort, wo frische Vegetation zu finden ist, in trockenen Flussbetten und in sichtbar feuchtem Grund, wo bereits Tiere nach Wasser gescharrt haben. Eine andere Möglichkeit: mit einem Halstuch oder sonstigem Stoff den Tau von Blättern wischen.

Auswringen und Wasser in einem Gefäß auffangen oder direkt trinken. Nach Vögeln Ausschau halten und ihnen folgen – in Trockengebieten werden sie möglicherweise zu den verbleibenden Wasserstellen fliegen.

❗ *Ohne Kompass orientieren*

Die Sonne geht im Osten auf und im Westen unter. Wolken und Wetter ziehen häufig, wenn auch nicht immer, von West nach Ost durch. In der nördlichen Hemisphäre steht die Sonne am südlichen Horizont. Nachts kann man sich an den Sternen orientieren: Verlängert man die gedachte Linie durch die hinteren beiden hellen Sterne des Großen Wagens um das Fünffache, gelangt man zum Polarstern, der direkt nach Norden weist. Auf der südlichen Hemisphäre steht die Sonne über dem nördlichen Horizont. Nachts bietet das Kreuz des Südens Orientierung: vier helle Sterne, die ein kleines, aber markantes Kreuz bilden. Die Verlängerung der längeren Achse nach unten zeigt zum Südpol.

❗ *Jeep steckt im Sand fest*

Reifendruck um die Hälfte reduzieren. Jeep mit dem Wagenheber anheben und Sand unter die Räder schaufeln, die beim Gasgeben durchgedreht haben. Sand feststampfen und – sofern vorhanden – mit Wasser verdichten. Dann Sandleitern, Fußmatten oder was sonst zur Hand ist, unter die Räder legen, damit der Wagen beim Anfahren die nötige Bodenhaftung hat. Jeep wieder herunterlassen und die Zuladung reduzieren. Vorsichtig anfahren.

☞ IN DER WILDNIS

Mit dem Fuß umgeknickt

Ein T-Shirt in lange, etwa zehn Zentimeter breite Streifen reißen. Das verletzte Fußgelenk ruhigstellen, indem man die Streifen in einer Acht um den Knöchel und unter dem Fuß durch bindet. Einen Stock als Gehhilfe suchen und die verletzte Seite entlasten. Wenn das Gelenk sehr stark angeschwollen ist, vor dem Verbinden eine Viertelstunde in kaltem Wasser kühlen.

Arm steckt unter Felsbrocken fest

Vorsichtig mit der freien Hand versuchen, den Brocken zu bewegen. Wenn das nicht hilft, mit dem Fuß dagegenstemmen. Rührt er sich dann immer noch nicht, bleiben zwei Möglichkeiten: Entweder den Arm mit kaltem Wasser oder sogar Eis kühlen. Die Blutgefäße ziehen sich zusammen, was genug Spielraum verschaffen könnte, den Arm zu befreien. Alternativ kann man auch versuchen, den eingeklemmten Arm mit einem Lippenpflegestift einzufetten, damit er besser aus der Falle rutscht.

Yeti oder Bigfoot gesichtet

Ruhig bleiben. Wenn man eine Kamera dabeihat, ist jetzt der Moment gekommen, sie aus der Tasche zu holen. Um unnötige Geräusche zu vermeiden, Objektiv nur manuell einstellen und dann so viele Fotos wie möglich schießen. Die Kreatur wird wahrscheinlich sofort fliehen, wenn sie merkt, dass sie beobachtet wird. Nicht die Verfolgung aufnehmen –

es ist völlig unvorhersehbar, wie das sagenumwobene Wesen reagiert, wenn man es jagt. Der Himalaja-Bewohner Yeti wird als zwei bis drei Meter großes Affentier beschrieben, der nordamerikanische Bigfoot soll von bärenhafter Gestalt sein. Also Vorsicht! Aus sicherer Distanz das Verhalten studieren, wenn möglich, Beobachtungen notieren: Größe, Geruch, Haltung. Eventuelle Fußabdrücke fotografieren und den Ort markieren, um später noch einen Abguss der Abdrücke nehmen zu können.

! *Bären*

Langsam zurückziehen, wenn ein Bär oder ein Bärenjunges in Sicht kommt. Nicht wegrennen – Bären sind im Gelände auf jeden Fall schneller. Auch auf einen Baum zu flüchten ist keine gute Idee. Die meisten Bärenarten können ausgezeichnet klettern, oder sie richten sich auf und schlagen nach ihrem Opfer. Wenn der Bär attackiert, auf dem Boden zusammenrollen und tot stellen. Lässt er trotzdem nicht ab, mit Stein oder Stock auf empfindliche Stellen schlagen – auf die Nase oder die Augen. Viele Backpacker, die durch die Bärenreviere Nordamerikas trekken, schwören auf Glocken am Rucksack, um den Bären zu signalisieren: Achtung, hier kommt ein Mensch, halte Abstand. Kritiker wenden ein, dass das Gebimmel Bären erst recht neugierig macht.

Essbare Pflanzen

Malve:
Blätter sind essbar.

Walderdbeeren:
lecker.

Chicorée: Blätter kann man roh essen, Wurzeln gekocht. Junge Triebe schmecken am besten.

Löwenzahn: Alles essbar – Stiele, Blätter, Blüten und Wurzeln.

Feigenkaktus: Junge, noch weiche Triebe sind essbar – einfach äußere Haut und Stacheln entfernen. Früchte sind sehr schmackhaft. Die warzige Schale nicht mitessen!

Wolfsrudel abwehren

Gezielt auf ein einzelnes Tier losgehen und so einschüchtern, dass sich das ganze Rudel zurückzieht. Den Wolf, der am nächsten steht, mit Steinen oder Stöcken bewerfen. Wenn Wölfe angreifen, verbeißen sie sich in die Beine ihrer Opfer – also jeden, der zu nahe kommt, mit kräftigen Tritten abwehren.

Rauchzeichen

Trockenes Gras, nasse Blätter oder einen alten Autoreifen auf einer Lichtung anzünden. Feuer regelmäßig füttern, damit die Rauchsäule über einen längeren Zeitraum auch aus großer Entfernung zu sehen ist. Wichtig ist, ein möglichst konstantes Signal zu geben. Nicht versuchen, durch Abdecken des Feuers – etwa mit einer Decke – eine »Nachricht« zu morsen. So riskiert man nur, dass die Flammen ersticken oder die Decke in Brand gerät. Auf das Eintreffen von Hilfe warten.

☞ AM STRAND

Von Krabbe gekniffen

Krabbe ins Wasser halten und hoffen, dass sie ihre Schere wieder öffnet. Wenn sie nicht lockerlässt, mit der freien Hand versuchen, die Schere aufzudrücken – was nicht leicht sein wird, denn Krebse und Krabben können außerordentlich kräftig zupacken. Wenn die Schere die Haut verletzt hat, wie jede andere Schnittwunde behandeln: desinfizieren, mit einer antibakteriellen Creme einschmieren und mit einem Pflaster oder Verband abdecken.

Schwerer Sonnenbrand

Sofort aus der Sonne. Feuchte Tücher zum Kühlen auf die verbrannten Stellen legen. Kein Eis direkt auf die nackte Haut geben, sonst riskiert man nach dem Brand auch noch Erfrierungen. Tücher entfernen, wenn sie ihre kühlende Wirkung verlieren, und die betroffenen Hautpartien mit einer Hydrokortison- oder Aloe-vera-Salbe eincremen. Wieder kühlende Tücher auflegen. Wenn es nicht anders auszuhalten ist, ein rezeptfreies Schmerzmittel einnehmen – und bis auf Weiteres die Sonne meiden.

Hitzschlag

Im Wasser abkühlen. Wenn es nicht möglich ist, ganz einzutauchen, Wasser auf die Haut spritzen und zusätzlich mit Fächeln kühlen. Sobald die Körpertemperatur wieder unter achtunddreißig Grad Celsius gesunken ist, nicht weiter kühlen – und einen Arzt aufsuchen.

Sonnenbrille verloren

Tauchermaske und Schnorchel borgen und dort den Grund absuchen, wo man zuletzt geschwommen ist. Unter der abgelegten Kleidung und unter den Handtüchern nachsehen. Und vielleicht steckt sie ja auch im Haar – auf dem eigenen Kopf.

Sand in der Badehose

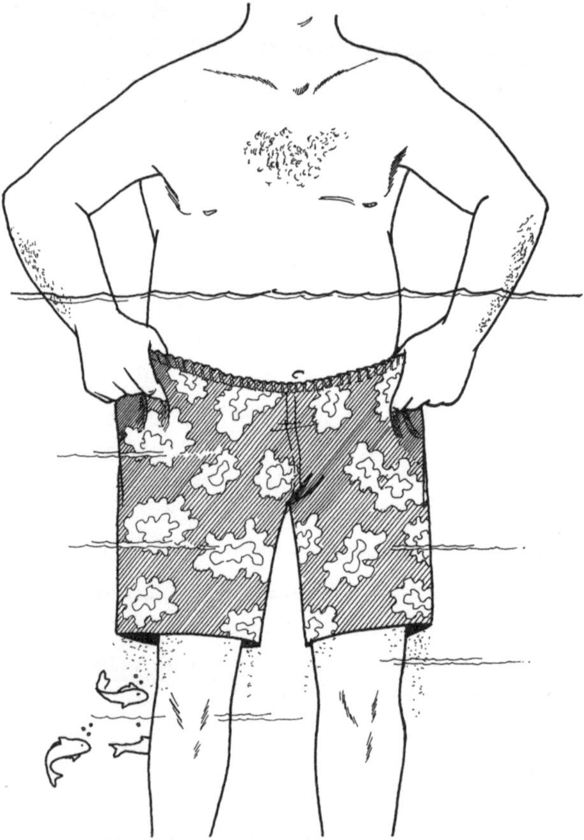

Ins Meer waten, bis das Wasser bis zur Brust reicht. Dann die Badehose vom Körper weghalten und auf und ab hüpfen. Badehose in alle Richtungen ziehen, um auch hartnäckig festsitzenden Sand loszuwerden.

Sonnenschutz bauen

Handtuch über die Rückenlehne zweier Sonnenliegen spannen. Oder eine große Mulde in den Sand graben und ein Handtuch als Dach darüber legen. Wenn kein Handtuch vorhanden ist, Körper mit nassem Sand bedecken und immer wieder mit Wasser befeuchten, damit eine gleichmäßige Sandschicht auf der Haut erhalten bleibt.

Von Qualle genesselt

Haut mit Salzwasser abspülen – Frischwasser verstärkt das Brennen nur. Quallen sind auf ihren Tentakeln mit Nesselzellen bewaffnet. Bei Berührung schießt aus den Zellen ein Faden hervor, der ein Gift in die Haut des Opfers injiziert. Betroffene Hauptpartien mit Essig behandeln, das macht Nesselzellen unschädlich, die ihr Gift noch nicht abgefeuert haben. Eventuelle Tentakelreste entfernen – dabei sollten Helfer unbedingt Handschuhe tragen. Falls nötig, ein rezeptfreies Schmerzmittel einnehmen. Auf die Wunde zu urinieren, wie manche Ratgeber empfehlen, ist eher kontraproduktiv: Je nach pH-Wert des Urins kann dies die »Explosion« weiterer Nesselzellen auslösen.

Sandfliegen

Am besten in den Wind stellen oder sich in die Nähe eines Ventilators begeben. Die Blutsauger – auch Sandmücken genannt – beißen in der Regel nicht, wo eine Brise geht oder wenn sie einer starken Luftströmung ausgesetzt sind. Sie orientieren sich außerdem an der Körperwärme ihrer

Opfer. Also öfter mal ins Wasser gehen, um die Haut kühl zu halten.

Rückströmung in der Brandung

Parallel zum Ufer schwimmen. Es reichen schon fünfundzwanzig bis fünfzig Meter, um aus der Strömung zu kommen, die einen raus aufs Meer zieht. Auf keinen Fall versuchen, gegen die Rückströmung anzukämpfen und direkt zum Ufer zu gelangen – der Sog des ablaufenden Wassers ist zu stark.

Wirbelsturm

Sofort den unmittelbaren Küstenbereich verlassen, um aus der Gefahrenzone einer Sturmflut zu kommen, die häufig im Gefolge eines Hurrikans auftritt. In einem Gebäude Schutz suchen – dabei aber Häuser mit großer Dachtraufe meiden, die dem Sturm mehr Angriffsfläche bieten. Die Fenster sollten mit Sperrholzplatten abgedeckt sein. Am besten in einem fensterlosen Raum im Zentrum des Gebäudes bleiben, bis der Sturm durchgezogen ist.

Tsunami

Sofort einen höher liegenden Zufluchtsort finden, zwölf bis fünfzehn Meter über dem Meeresspiegel sollten es schon sein, was dem fünften Stock in Gebäuden entspricht. Auf einen Baum oder das Dach eines Bungalows zu klettern ist nur der allerletzte Ausweg, wenn sich sonst keine Fluchtmöglichkeiten bieten. Vorboten eines Tsunamis sind: ein plötzliches Zurückweichen der Wassermassen am Strand, das laute Rauschen einer starken Brandung oder ein Zittern im Boden wie bei einem leichten Erdbeben. Den sicheren Standort nicht gleich nach dem Abklingen der ersten Welle verlassen – es kann bis zu fünf Stunden dauern, bis sich auch die nachfolgenden Wellen beruhigt haben.

☞ MIT DEM AUTO UNTERWEGS

! *Motor kocht über*

Heizung und Ventilator auf maximale Leistung drehen, um möglichst viel Hitze vom Motor abzuleiten. So schnell wie möglich rechts ranfahren, Motor ausstellen und den Kühler mindestens für eine halbe Stunde abkühlen lassen. Hand mit einem dicken Tuch umwickeln und vorsichtig den Verschluss des Kühlwasser-Ausgleichsbehälters öffnen. Frisches Kühlmittel dazugeben oder eine Mischung aus Kühlmittel und Wasser (im Verhältnis 1:1 mixen). Zur nächsten Tankstelle oder Werkstatt weiterfahren. Dabei Heizung und Gebläse auf Höchststufe stellen.

! *Kinder zanken auf dem Rücksitz*

Quengelnde oder zankende Kinder mit einem Wettbewerb ablenken: Wer sieht als Erster ein bestimmtes Automodell in einer bestimmten Farbe? Wer entdeckt als Erster ein bestimmtes Nummernschild? Selbst auch mitspielen, um ihren Ehrgeiz anzustacheln. Dabei aber unbedingt die Kinder gewinnen lassen, sonst riskiert man nach der Streiterei gleich noch eine Schmollphase. Nur dann mit Anhalten drohen, wenn man auch wirklich bereit ist, Sanktionen durchzuziehen. Falls man tatsächlich rechts ranfahren will, bis zum nächsten Rastplatz warten. Kinder toben lassen, bis sie müde sind. Dann ist Ruhe – vorerst.

! *Kind wird vom Fahren schlecht*

Sofort anhalten. Mit dem Kind herumspazieren, bis die Übelkeit vorüber ist. Reisekrankheit bei Kindern lässt sich vermeiden, wenn man ihren Sitz so einstellt oder einrichtet, dass sie aus dem Fenster gucken können. Lesen oder mit dem Gameboy spielen wirkt kontraproduktiv. Stattdessen gelegentlich kleine Snacks oder Süßigkeiten anbieten, um von den ersten Symptomen einer Übelkeit abzulenken.

! *Sekundenschlaf am Steuer*

Fenster öffnen und frische Luft in den Wagen lassen. Radio aufdrehen – die Lautstärke muss unangenehm sein. Nachrichtensendungen oder Talkshows halten einen besser wach als Musik mit wiederkehrenden Rhythmen und Melodien, selbst wenn sie sehr laut ist. Kaffee hilft natürlich, wach zu bleiben, aber wenn man zu viel davon trinkt, wird man erstens zappelig und muss zweitens öfter einen Toilettenstopp einlegen – was die Zeit auf der Straße nur wieder verlängert. Ein kurzes Nickerchen auf einem Rastplatz wirkt meistens besser als der stärkste Kaffee.

Motor abgesoffen

Gaspedal ganz durchtreten und halten. Dann den Autoschlüssel drehen. Wenn nichts passiert, Vorgang wiederholen, bis der Motor anspringt. Erst wenn er läuft, Fuß vom Gaspedal nehmen. Bis das überschüssige Benzin verbrannt ist, wird der Motor unrund laufen. Nur dann weiterfahren, wenn er nicht mehr stottert. Die Methode funktioniert allerdings nur bei älteren Fahrzeugen, die noch einen normalen Vergaser haben.

Bremsversagen

Kräftig weiter mit dem Bremspedal »pumpen«, um mit der verbleibenden Bremsflüssigkeit so viel Druck aufzubauen wie möglich. Gleichzeitig runterschalten, um auch die Wirkung der Motorbremse zu nutzen. Gleichmäßig und vorsichtig dosiert die Handbremse anziehen. Wenn der Wagen genug Geschwindigkeit verloren hat, auf den Seitenstreifen lenken und anhalten. Und dann Pannendienst oder Abschleppwagen rufen.

Reh oder Hirsch auf der Straße

Hart bremsen und gleichzeitig einmal kräftig hupen, um das Tier aus seiner Schreckstarre aufzuscheuchen. Kein Ausweichmanöver versuchen – das würde den Hirsch nur verwirren, in welche Richtung er denn nun rennen soll. Wenn sich der Zusammenstoß nicht vermeiden lässt und das Tier getroffen wird – nicht anfassen! Rechts ranfahren, Warnblinker einschalten und die Polizei rufen. Auf Straßen durch dunkle Wälder nur mit reduzierter Geschwindigkeit fahren und – sofern einem niemand entgegenkommt – Fernlicht einschalten.

Irren Anhalter loswerden

Bei der nächsten Gelegenheit anhalten, am besten an einer Tankstelle oder Raststätte, wo möglichst viele Menschen sind. Wenn der Anhalter nicht aussteigen will, Schlüssel aus dem Zündschloss ziehen und aus dem Wagen aussteigen. Hilfe holen. Nicht auf einsamen Landstraßen oder bei verlassenen Bauernhöfen anhalten. Das Szenario sollte aus einschlägigen Horrorfilmen hinreichend bekannt sein.

Aggressiver Lastwagenfahrer

Abbiegen oder wenden und in die Gegenrichtung fahren – der Lastwagen wird so schnell nicht folgen können. Vorher Kennzeichen und Namen oder Telefonnummer der Spedition notieren und später über das Verhalten des Fahrers beschweren.

Strafzettel-Diplomatie

Unbedingt höflich bleiben und die Polizisten fragen, ob sie es nicht mit einer Verwarnung bewenden lassen können. Keine Ausreden für das eigene Fehlverhalten suchen und Fragen möglichst nicht direkt beantworten. »Wissen Sie, wie schnell Sie waren? / Wissen Sie, warum wir Sie angehalten haben?« – das sind typische Fragen, auf die man keine Antwort geben sollte, die als Schuldeingeständnis interpretiert werden kann. Im Zweifelsfall lieber vage bleiben: »Nein, tut mir leid, das war mir nicht bewusst, kann ich mir auch nicht erklären, weiß ich nicht.«

! *Blitzeis*

Fuß vom Gas und nicht plötzlich bremsen. Wenn die Räder genügend Traktion haben, vorsichtig lenken – ohne ruckhafte, schnelle Bewegungen – und anhalten. Blitzeis bildet sich, wenn Regen auf gefrorenen Untergrund trifft; in Sekundenschnelle entsteht eine blanke Eisfläche. Am sichersten ist es, auf Streufahrzeuge zu warten und dann erst weiterzufahren. Wenn mit dem Streudienst so schnell nicht zu rechnen ist, mit deutlich reduzierter Geschwindigkeit fahren und großen Abstand zum Vordermann halten. Auf mehrspurigen Straßen nicht die Spur wechseln.

! *Motor in Flammen*

Sofort rechts ranfahren, Motor abstellen und raus aus dem Wagen. Auf keinen Fall die Motorhaube öffnen, sondern sofort in Sicherheit bringen. Mindestens hundert Meter Abstand zum brennenden Fahrzeug halten. Und dann Rettungsdienst rufen.

! *Reifenpanne*

Anhalten, Warnblinker anstellen und – wenn nötig – nach hinten mit einem Warndreieck absichern. Gang einlegen und Handbremse anziehen. Radkappe entfernen und die Radbolzen lösen – aber nicht vollständig abdrehen. Denn erst muss noch der Wagenheber angesetzt werden. Je nach Fahrzeugtyp gibt es eine Markierung, eine Falz im Bodenblech oder sogar eine spezielle Vorrichtung, an der der Heber ansetzen soll. Auto hochkurbeln, bis das Rad frei in der Luft hängt. Bolzen jetzt vollständig lösen, Rad abnehmen und durch das Reserverad ersetzen. Bolzen wieder festdrehen, aber nur mit leichtem Druck, bis das Rad fest sitzt. Auto mit dem Wagenheber wieder herablassen, dann die Radmuttern eine nach der anderen richtig anziehen, und zwar kreuzweise: eine Mutter fest, dann die gegenüberliegende. Fertig.

☞ ZELTEN

Im Regen

Schon bei den ersten Anzeichen für Regen schnell das Zelt aufstellen. Wenn die Konstruktion ein wasserdichtes Außenzelt hat, gewährleistet eine zusätzliche Plane unter dem Zelt, dass der Boden trocken bleibt. Bei einer Einwand-Konstruktion sollte man die Extraplane lieber über das eigentliche Zelt spannen – als zusätzlichen Regenschutz. Wichtig ist auch die Auswahl des Zeltplatzes: Er sollte nicht in einer Senke oder Rinne liegen, wo sich bei starkem Regen das Wasser sammelt. Und grundsätzlich sollte man einen Tag vor jeder Campingtour noch einmal alle Nähte mit einem Nahtdichter versiegeln.

Bei Schnee

Vor dem Aufbauen erst einmal Schnee schieben. Wenn sich Schnee und Eis nicht beseitigen lassen, eine Lage trockener Blätter als zusätzliche Isolierschicht unter dem Zeltboden ausbreiten. Bei Kuppel- oder Tunnelzelten verhindert schon die Dachkonstruktion, dass sich viel Schnee ansammelt und das Dach unter der Last nachgibt. Bei allen anderen Zeltformen empfiehlt sich eine Extraplane als Schneeschutz: So aufspannen, dass eine Seite höher liegt als die andere – und der Schnee gleich abrutscht. Das Zelt mit breiten Plastikheringen im Schnee verankern; auf Eis mit Stahlnägeln. Und warm anziehen.

! *Schutz vor hungrigen Tieren*

Das Camp an einem einsamen, abgelegenen Platz aufschlagen. Denn entlang der viel genutzten Wanderrouten und auf regulären Zeltplätzen sind die Tiere bereits an den Menschen gewöhnt und wissen, dass sie fündig werden. Alle Lebensmittel und auch das Kochgeschirr an einem Ast hoch über dem Boden aufhängen. Rucksäcke und Taschen offen lassen, damit die tierischen Diebe sie auf der Suche nach Fressbarem nicht aufreißen. Sofern möglich, alle Lebensmittel und Kochutensilien im Auto lassen. Den Proviant niemals im Zelt verstauen!

! *Schlange im Schlafsack*

Schlafsack am Fußende greifen und die Schlange draußen vor dem Zelt herausschütteln. Wenn man selbst schon im Schlafsack liegt, ruhig bleiben, keine hektischen Bewegungen! Schlafsack sehr vorsichtig in Richtung Füße schieben, um sich so behutsam daraus zu befreien. Als vorbeugende Maßnahme den Schlafsack immer fest zusammenrollen oder in seinen Packsack stopfen, wenn er nicht benutzt wird. Dann kann die Schlange sich gar nicht erst gemütlich einrichten. Und natürlich den Reißverschluss des Innenzelts immer schön zuzippen.

Von Giftschlange gebissen

Den Schlangenbiss mit Wasser und Seife säubern. Dann dafür Sorge tragen, dass sich das Gift nicht schnell im Körper ausbreiten kann. Folgendes beachten:

- Den Verletzten beruhigen: Panik beschleunigt die Verbreitung des Gifts.
- Verletzte Körperpartie mit Schiene oder Verband ruhigstellen, Patienten so lagern, dass die Bisswunde niedriger liegt als das Herz.
- Wenn mit ärztlicher Hilfe nicht innerhalb von dreißig Minuten zu rechnen ist, fünf bis zehn Zentimeter über der Bisswunde Stauverband anlegen, um die Verbreitung des Gifts zu verlangsamen. Aber Achtung: Der Verband muss zwar stramm sitzen, darf aber die Blutzirkulation nicht komplett verhindern. Ein Finger sollte noch drunterpassen.
- Keine Schnitte an der Bisswunde vornehmen – und erst recht nicht versuchen, das Gift mit dem Mund herauszusaugen.
- Verletzten ins Krankenhaus bringen. Wenn kein Auto zur Verfügung steht, auf einer Trage transportieren. Der Verletzte sollte sich so wenig wie möglich bewegen.

Ohne Streichhölzer Feuer machen

Aus einem Zweig und einem Bindfaden einen Bogen basteln. Ein Stöckchen senkrecht auf ein trockenes »Zunderbrett« stellen und oben so zwischen Fingern und Daumen halten, dass sich das Stöckchen gut drehen lässt. Dann mit dem selbst gebauten »Fiedelbogen« an dem Stöckchen vor- und zurückstreichen, damit es sich auf dem Zunderbrett dreht und so Reibungshitze erzeugt. Mit dem Bogen erreicht man eine größere Geschwindigkeit und produziert mehr Hitze, als wenn man das Stöckchen nur zwischen den Händen dreht. Tannennadeln oder trockenes Gras auf das Zunderbrett legen und weiter »fiedeln«, bis das Brennmaterial Feuer fängt.

AUF KREUZFAHRT

Seekrankheit

Möglichst in der Schiffsmitte aufhalten und nahe der Wasserlinie – da fallen Stampf- und Rollbewegungen am geringsten aus. Gleichzeitig sollte man aber auch frische Luft bekommen und freie Sicht auf den Horizont haben. Ingwertee beruhigt den Magen, und natürlich gibt es auch Medikamente wie Cinnarizin oder Scopolamin-Pflaster, die gegen Übelkeit helfen. Nebenwirkung: Die Medikamente machen müde. Wenn sich Übelkeit und Erbrechen nicht verhindern lassen, danach mit Wasser oder Sportgetränken, die mit Kohlenhydraten und Mineralien versetzt sind, für die Zufuhr von Flüssigkeit sorgen.

❗ *Crew meutert*

Am besten nicht offen zeigen, wem die eigenen Sympathien gelten. Und das heißt: Beim Essen nicht ausgerechnet an den Tisch des Kapitäns setzen – aber eben auch nicht mit der Crew verbrüdern. Überhaupt sind die unteren Decks zu meiden, wo die Besatzung ihre Quartiere hat, um nicht in Gefahr zu geraten, als Geisel genommen zu werden.

❗ *Schiff sinkt*

Auf jeden Fall warm anziehen: lange Hosen, langärmlige Hemden, Pullover. In der offenen Rettungsinsel wird es auch in tropischen Gewässern schnell kalt. Das Schiff grundsätzlich nur dann verlassen, wenn die Besatzung den Befehl dazu erteilt. Auf dem Schiff hat man eine größere Chance, gefunden zu werden, als allein im Wasser. Die beste Option ist immer: An Bord bleiben und das Eintreffen der Rettungskräfte abwarten. Ein großes Schiff sinkt in der Regel nicht so schnell, es bleiben meist mehrere Stunden oder sogar Tage, bevor es gefährlich wird – Zeit genug für die Bergungsteams. Wenn das Schiff dann doch verlassen werden muss, Rettungsweste anlegen und auf weitere Instruktionen der Besatzung warten.

Auf einsamer Insel Kokosnuss knacken

Einen geraden, dicken Stock tief in den Boden rammen und das obere Ende anspitzen. Dann die Kokosnuss mit Schwung auf die Spitze schlagen, um die faserige Außenschicht aufzubrechen. Die ebenfalls harte innere Schale lässt sich mit einem Schlag gegen einen Stein oder Baumstamm knacken.

Über Bord gefallen

Sofort laut brüllen, wenn man wieder an die Wasseroberfläche gekommen ist: »Mann über Bord an Backbord / Steuerbord!« In Fahrtrichtung gesehen ist Backbord links, Steuerbord rechts. Arme so weit wie möglich aus dem Wasser strecken und winken, damit man vom Schiff aus besser gesehen wird. Und immer weiter brüllen! Wenn man sieht, dass gerade jemand über Bord gefallen ist, gilt das Gleiche: Laut »Mann über Bord!« rufen und dem Verunglückten einen Rettungsring zuwerfen. Mit ausgestrecktem Arm auf die Person im Wasser zeigen, bis die Crew die notwendigen Rettungsmanöver einleitet.

Virus geht um

Hände regelmäßig mit Wasser und Seife waschen. Erfrischungstücher, Tempotücher oder Küchenrolle verwenden, wenn man Fahrstuhlknöpfe, Türklinken, Wasserhähne, Lichtschalter oder andere Dinge anfasst, die von vielen Menschen berührt werden. Nur essen, was verpackt und versiegelt ist oder bei mindestens siebzig Grad Celsius (dunkles Fleisch) oder achtzig Grad (Geflügel) gegart wurde. Rohkost vermeiden. Wasser, Saft, Softdrinks oder Milch nur aus Flaschen trinken, die man selbst geöffnet hat. Und am besten in der eigenen Kabine bleiben und den Kontakt zu den anderen Passagieren oder der Besatzung auf ein Minimum reduzieren.

☞ IM FLUGZEUG

Notlandung

Schnell orientieren: Wo ist der nächstgelegene Notausstieg? Nicht vergessen, dass er sich möglicherweise hinter einem befindet. Sicherheitsgurt anlegen und straff ziehen und Schuhe mit spitzen Absätzen ausziehen, damit sie – etwa bei einer Notwasserung – später nicht die Rutsche beschädigen. Die sogenannte »brace« oder »crash position« einnehmen: Becken im Sitz so weit wie möglich nach hinten schieben, Kopf nach vorn legen und mit den Armen schützen, eventuell am Sitz des Vordermanns abstützen. Und immer den Anordnungen der Crew folgen.

Schwere Turbulenzen

Gurt anlegen und festzurren. Aus dem Fenster auf den Horizont schauen. Wenn der in den Wolken liegt oder bei Nacht nicht zu sehen ist, einen Punkt in der Kabine fixieren, der im selben Maß auf und ab geschleudert wird wie man selbst – das verringert wenigstens das Gefühl der heftigen und unkontrollierten Bewegung.

Jetlag

Gleich beim Besteigen der Maschine die Uhr auf die Zeitzone am Ziel stellen. Mahlzeiten einnehmen und schlafen, wie es der neue Rhythmus vorgibt. Auf dem Flug viel trinken, um nicht zu dehydrieren, und auf Kaffee und Alkohol verzichten. Kontaktlinsen herausnehmen und stattdessen Brille tragen, damit die Augen nicht zu trocken werden. Locker sitzende Kleidung tragen und überhaupt nach dem Zwiebelsystem kleiden: mehrere dünne Lagen, um sich schnell auf die Temperatur in der Kabine einstellen zu können. Nach der Ankunft unbedingt wach und in Bewegung bleiben, um möglichst lange durchzuhalten. Denn der »neue« Tagesablauf gilt auch für das Schlafengehen: Frühestens eine Stunde vor der normalen Zeit ins Bett gehen.

! *Krampf im Bein*

Einmal pro Stunde aufstehen und auf dem Gang die Füße vertreten. Kurze Pause in der Bordküche oder vor den Toiletten und zehn bis fünfzehn Kniebeugen machen; danach die Beinmuskulatur dehnen. Während des Sitzens immer schön lang machen – Beine so weit unter den Vordersitz strecken wie möglich und den Sitz, so weit es geht, nach hinten kippen. Schuhe ausziehen, Füße kreisen lassen, Zehen abwechselnd krümmen und strecken.

! *Flug gestrichen*

Nicht einfach in der Schlange vor dem Serviceschalter stehen, sondern während der Wartezeit versuchen, per Handy das Callcenter der Fluglinie anzurufen oder sogar gleich das eigene Reisebüro. Vielleicht klappt es mit der Umbuchung schon, bevor man den Schalter erreicht hat. Sofern möglich, immer ein Papierticket ausstellen lassen – das lässt sich bei anderen Airlines leichter auf einen neuen Flug übertragen als ein elektronisches Ticket.

❗ *Quasselstrippe als Nachbar*

Kopfhörer aufsetzen oder tiefen Schlaf vortäuschen, bis der Nachbar die Botschaft verstanden hat. Bei einem Platz in einer Reihe von drei oder mehr Sitzen aufstehen und zehn Minuten in dem Bereich vor den Toiletten oder der Bordküche aufhalten – bis zur Rückkehr an den eigenen Platz hat sich die Quasselstrippe hoffentlich mit einem der anderen Sitznachbarn angefreundet.

☞ IM BUS

❗ *Im Nachtbus schlafen*

Einen Fensterplatz sichern, um sich seitlich gut anlehnen zu können. Mit einem Nackenstützkissen oder einem zusammengerollten Pullover ist das sogar recht bequem. Auf jeden Fall Stöpsel in die Ohren stecken oder Kopfhörer aufsetzen, die Störgeräusche neutralisieren. Zur Not aus Toilettenpapier oder Papiertüchern Notstöpsel für die Ohren rollen – sie sollten zwei Zentimeter aus den Ohren herausgucken, damit sie sich leicht wieder entfernen lassen. Außerdem eine Schlafmaske oder zur Not eine Sonnenbrille aufsetzen. Wenn es nicht anders geht, ein Kleidungsstück um den Kopf und über die Augen binden. Und, ganz wichtig: bloß keinen Sitzplatz in der Nähe der Toilette wählen.

Arm in Tür eingeklemmt

Mit der freien Hand an die Tür trommeln und laut »Tür!« brüllen. Bei »Hilfe!« oder »Hey!« versteht der Fahrer möglicherweise nicht sofort, was das Problem ist. Weiter auf die Tür schlagen und sich lautstark bemerkbar machen. Wenn man draußen vor der Tür steht, alle Taschen und Koffer fallen lassen, um notfalls neben dem Bus herlaufen zu können, bis der Fahrer reagiert.

Kein Sitzplatz

Vor dem Einsteigen Rucksack absetzen und vor dem Körper tragen. Wenn im Bus kein Sitzplatz frei ist, den Rucksack gut zwischen den Füßen einklemmen. Kamera nicht so über der Schulter tragen, dass sie auf dem Rücken hängt, Geldbörsen nicht in der Gesäßtasche verstauen – alle Wertsachen vor dem Körper tragen. Möglichst immer eine Hand auf der Kameratasche oder auf dem Schulterriemen lassen. Wenn sich Rucksack, Aktentasche oder Koffer unter dem Sitz eines anderen Passagiers verstauen lassen, darauf achten, dass man immer mit einem Fuß Kontakt zu seinem Gepäck hält und sofort merkt, wenn sich jemand daran zu schaffen macht.

Tiere im Bus

Arme eng am Körper anlegen und am besten ein Buch oder eine Zeitschrift so vor das Gesicht halten, dass man sich schnell gegen einen flatternden Flügel oder einen pickenden Schnabel verteidigen kann. Langes Haar zu einem Zopf binden. Und alle Lebensmittel sicher – heißt: für vierbeinige oder geflügelte Passagiere unerreichbar – verstauen.

☞ IM MUSEUM

■ *Lahme Beine, müder Rücken*

Immer mal wieder auf den Zehenspitzen stehen, die Arme über dem Kopf ausstrecken. Mindestens fünf Sekunden halten, dann wieder langsam in die Ausgangsposition zurück. Fünf Wiederholungen. Zweite Übung: Füße weit auseinander, dann nach vorn beugen und den Boden mit den Fingerspitzen berühren, um die Muskulatur in den Beinen und im Rücken zu dehnen. Auch diese Übung mehrmals wiederholen.

■ *Manet oder Monet?*

Wenn man nicht nah genug herankommt, um das Schild neben dem Kunstwerk zu lesen: Darstellungen von Seerosen, Heuhaufen, Kathedralen, Brücken oder Gärten stammen sehr wahrscheinlich von Monet. Gemälde von nackten Frauen im Bett oder auf einer Picknickdecke, Kellnerinnen in einer Bar, Flötenspielerinnen oder Menschen auf einem Boot sind eher von Manet. Bei jungen Frauen in Rüschenkleidern, die Sonnenschirme halten, lässt sich das nicht genau sagen – kann von beiden sein.

■ *Überstrapazierte Augen*

Augen schließen und mit dem Handballen abdecken, um das Licht für einen Moment ganz abzublocken. Dreißig Sekunden halten und dabei tief und gleichmäßig atmen. Dann weiter in der Ausstellung. Bei jedem sechsten Exponat mit den Augen blinzeln, zehnmal hintereinander, so schnell es geht.

Ausstellung proppenvoll

Am besten am Ende der Ausstellung beginnen, wo der Andrang noch nicht so groß ist, und sich von hinten nach vorn durcharbeiten. Wenn sich vor einem Kunstwerk besonders viele Besucher drängeln, von der Seite in kleinen Schritten systematisch in Position schieben. Wird es wirklich eng, Arme vor dem Körper verschränken, sodass die Ellbogen nach außen zeigen, um nicht erdrückt zu werden, wenn der Pulk sich plötzlich in Bewegung setzt.

Kind kommt um vor Langeweile

Schnell ein Suchspiel erfinden, das nichts mit der eigentlichen Ausstellung zu tun hat. Das Kind soll beispielsweise alle Leute im Saal zählen, die Stiefel tragen oder schwarz gekleidet sind. Als Bonus einen Besuch in dem Teil des Museums versprechen, der dem Kind besonders gefallen wird (wie etwa die Mumien oder Dinosaurier). Wenn das alles nichts nützt, Besuch der Ausstellung radikal verkürzen. Dem Kind alle paar Minuten sagen, wie lange es noch aushalten muss. Ganz wichtig: Der Ausflug ins Museum sollte mit einem versöhnlichen Abschluss enden. Das erhöht die Wahrscheinlichkeit, dass der Nachwuchs beim nächsten Mal ohne Protest wieder mitkommt.

IM VERGNÜGUNGSPARK

Fahrgeschäft streikt

Prüfen, ob Sicherheitsbügel, Anschnaller oder Haltegurte noch funktionieren. Wenn man kopfüber im Karussell hängt, möglichst alle Taschen in Jacken oder Hosen so verschließen, dass Hausschlüssel, Geldbörse oder Mobiltelefon vor dem Herausfallen gesichert sind. Auf keinen Fall versuchen, sich selbst aus der Notlage zu befreien – es besteht erhöhte Unfallgefahr. Warten, bis Hilfe kommt.

Kotzübel vom Schaukeln und Schleudern

Gegen die aufkommende Übelkeit ankämpfen – wenigstens bis eine scharfe Kurve oder der Gipfel einer Bergauf-Strecke erreicht ist. Wenn es sich gar nicht vermeiden lässt, entgegengesetzt zur Fahrtrichtung drehen und entweder über die Seite erbrechen oder – bei einer geschlossenen Kabine – in eine Ecke des Gefährts. Mit den Augen einen festen Punkt fixieren und mit den Händen an den Sicherheitsbügeln festhalten, um die eigene Wahrnehmung des wilden Ritts ein wenig zu beruhigen. Das Personal verständigen, wenn es etwas zu reinigen gibt.

Schlangen vor der Hauptattraktion

Schon vor Öffnung anstehen, um als einer der Ersten im Vergnügungspark zu sein. Karten und Broschüren studieren und direkt Kurs auf die Hauptattraktionen nehmen. Effektive Planung hilft, Wartezeit zu verkürzen. Alternativ kurz vor Schluss bei den angesagten Fahrgeschäften anstellen – dann sind die Schlangen in der Regel nicht mehr so lang. Wenn es die Option gibt, unbedingt Plätze reservieren lassen. Und an einem Werktag, wenn die Kinder in der Schule sind, hat man natürlich sowieso weniger Gedränge.

❗ *Aufdringliches Maskottchen*

Wenn die Umarmung einer übergroßen, zotteligen Zeichentrickfigur droht, heißt es, Abstand halten – am besten hinter einer Bank verschanzen oder das eigene Kind als Schutzschild nutzen. Laut »Nein!« und – sofern bekannt – den Namen des Ungetüms rufen. Hilft das alles nichts, in die Hocke gehen und möglichst klein machen. Bei der voluminösen Verkleidung wird es dem Maskottchen schwerfallen, sich so weit nach unten zu bücken.

☞ SONDERBARE SPEISEN

❗ *Höllisch scharf gewürzt*

Reis oder Brot essen, um die Schärfe zu binden. Capsaicin in Chilischoten wirkt auf die Schmerzrezeptoren wie eine Verbrennung; nicht umsonst steht »hot« im Englischen für »heiß« *und* für »scharf«. Capsaicin verbindet sich mit den Ölen im Essen, deshalb hilft es, an einer Limettenscheibe zu lutschen oder Fruchtsaft zu trinken, der Zitronensäure enthält – die Säure wirkt wie ein »Lösungsmittel« für die höllischen Öle. Alternativ mit einem kleinen Schluck Alkohol spülen. Milch oder Joghurt helfen ebenfalls, die Schärfe zu neutralisieren. Wasser zu trinken bringt hingegen gar nichts, denn Öl und Wasser gehen keine Verbindung ein.

Einladung zur exotischen, aber ekligen Spezialität

Essen in kleine Stücke schneiden. Nicht durch die Nase, sondern nur durch den Mund atmen – und den ersten Bissen in den Mund stecken. Den Happen schnell weiter nach hinten schieben, wo die Geschmacksrezeptoren weniger sensibel reagieren. Möglichst schlucken, ohne zu kauen. Auf diese Weise fortfahren, bis wenigstens die Hälfte der angebotenen Delikatesse verspeist ist, um die Gastgeber nicht zu kränken.

Lebensmittelvergiftung

Bauchkrämpfe, Übelkeit, Erbrechen, Durchfall – das sind die Symptome einer Lebensmittelvergiftung, die schnell nach dem Verzehr belasteter Lebensmittel auftreten. Verursacher sind Bakterien, Salmonellen, Listerien oder Noroviren. Besonders anfällige Lebensmittel sind Fleisch und Fisch, aber auch Eiergerichte, Salate, Rohmilch oder verdorbene Pilze können belastet sein. Auf keinen Fall Medikamente einnehmen, die Durchfall unterdrücken, weil das nur den Zeitraum verlängert, den die Toxine oder Erreger im Verdauungstrakt bleiben. Gegen Elektrolyt-Mangel handelsübliche Sportgetränke zu sich nehmen oder alternativ selbst zubereiten: Eine Banane pürieren und mit einem Liter Wasser mixen. Einen halben Teelöffel Backnatron und einen halben Teelöffel Salz dazugeben. Regelmäßig trinken, bis die Symptome der Vergiftung verschwinden.

■ *Montezumas Rache*

Das Risiko einer Reisediarrhö ist in Asien, Afrika und Lateinamerika besonders groß – daher kommen Umschreibungen wie »Fluch des Pharaos« oder »Montezumas Rache«. Viel Wasser trinken. Eine Behandlung mit Medikamenten ist in der Regel nicht notwendig. Was unterstützend wirkt, sind Milchsäurebakterien (Acidophilus und Bulgaricus), wie sie in Buttermilch und Joghurt zu finden sind. Ansonsten hilft nur: in Reichweite einer sauberen Toilette bleiben. Die Symptome sollten nach zwei, drei Tagen abklingen.

Bestellen nach Bildern

Auf die Speisen, Zutaten oder Getränke deuten, die man bestellen möchte. Bei Dingen, die man auf keinen Fall möchte, auf das »Verbotsschild« zeigen.

NEIN

Huhn

Fisch

Schwein

Ziege

Pilze

Knoblauch

Tomate

Chilischoten

Zwiebel

Brokkoli

Rindfleisch

Wein

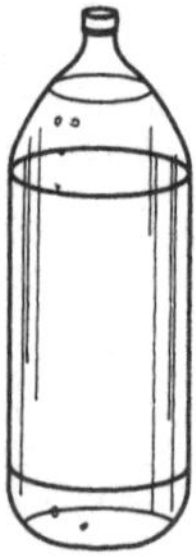

Wasser in Flaschen

Bier

Kaffee

Leitungswasser

Tee

Eiswürfel im Wasser

Nudeln

Garnelen

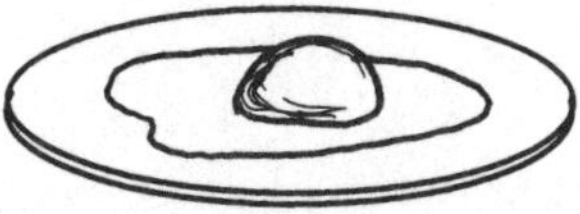

Ei

Toast

Obst

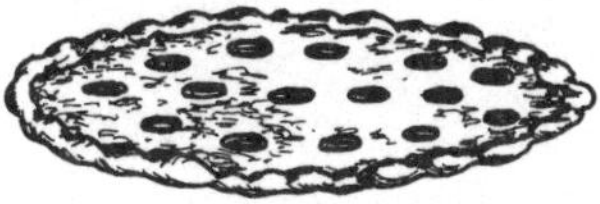

Pizza

Hamburger

Pommes frites

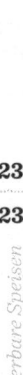

KAPITEL 8

BEZIEHUNGEN UND FAMILIE

☞ PARTNER

▪ *Beim Gaffen erwischt*

Schnell auf ein Kleidungsstück des oder der Fremden hinweisen und ganz unschuldig erklären, wie toll dieser Schnitt oder diese Farbe an der eigenen Partnerin / dem eigenen Partner aussehen würde. Alternativ kann man natürlich auch einen Makel an der oder dem Begafften ausmachen – schielt, knabbert an Fingernägeln, hat ein sonderbares Muttermal oder vorstehende Zähne – und den eigenen Partner unschuldig fragen, ob ihm das nicht auch aufgefallen sei.

▪ *Hasst Lieblings-TV-Serie*

Den Partner zwingen, eine Serie zu gucken, die so grässlich ist, dass man es selbst kaum aushält. Der oder dem Liebsten erklären, warum gerade diese Sendung einem die wichtigste überhaupt ist und wie viel es für die Beziehung bedeutet, sie gemeinsam anzuschauen. Dann Kompromissbereitschaft signalisieren: Es muss ja nicht diese (wahrhaftig nervige) Serie sein, wenn man stattdessen die (tatsächlich sehr geschätzte) Alternative einschalten kann.

▪ *Weigert sich, im Haushalt mit anzupacken*

Aufgaben im Haushalt fair aufteilen. Eine Liste aller Jobs am Kühlschrank befestigen und als Regel festlegen: Wer seinen Part nicht erledigt, muss den anderen dafür bezahlen. Eine Preisliste erstellen. Je unangenehmer der Job, desto teurer wird es. Müll rausbringen: zwei Euro. Katzenklo reinigen: fünf Euro. Laub harken: satte zehn Euro. Von den zusätzlichen Einnahmen richtig schön essen gehen.

Sitzt immer nur zu Hause rum

Einen Abend für die besten Freundinnen (oder Kumpel) organisieren, wie er im Buch der Rollenklischees steht. Also die Mädels einladen, um kitschige Liebesfilme zu gucken, zu klatschen und tratschen und Süßigkeiten zu naschen. Oder seine besten Kumpel zum Skat- oder Poker-Abend kommen lassen, bei dem Zigarren geraucht werden und Whisky getrunken wird und sich die Unterhaltung nur um legendäre Bundesliga-Begegnungen dreht. Nach so einem Abend genügt in der Regel die bloße Ankündigung, dass man die Runde wieder einladen will, um den Partner in die Flucht zu schlagen.

ELTERN

Nörgeln an Einstellung und Lebensweise herum

Da hilft ein wenig Recherche: Wer sind die Helden aus der Jugend der Eltern? Welche Musiker fanden sie toll, welche Künstler, Politiker, Sportler? Dann googeln, wie die Jugend dieser Vorbilder aussah – und möglichst solche heraussuchen, die einen ähnlichen Lebensstil gepflegt haben wie man selbst, oder wenigstens Beispiele für exzentrische Lebensentwürfe. Wenn die Eltern dann wieder zu ihren Tiraden ansetzen, die entsprechenden Beispiele zitieren.

Besserwisser-Syndrom

Mit gleicher Münze heimzahlen und die eigene Überlegenheit ausspielen, wo immer es sich anbietet – egal ob bei Alter, Aussehen und Leistungsfähigkeit oder bei der größeren Freiheit, den eigenen Weg zu gehen. Grässlichen Wein ausschenken, der »nicht ausreichend gewürdigt wird«, und Eltern mit ins Kino schleppen, wenn komplexe esoterische Independentfilme von Regisseuren laufen, deren Namen aus acht Silben mit nur einem Vokal bestehen.

Behandeln den Partner mies

Eltern anrufen und ihnen – wenn es sein muss, tränenreich – erklären, dass einen der geliebte Partner nun verlassen werde, weil sie so gemein zu ihm / ihr gewesen seien. Auch sehr effektiv: Den Eltern sagen, dass man sich den eigenen Kindern gegenüber hoffentlich nie so grausam verhalten werde, wie sie es seien. Noch effektiver: Ebendiese Kinder, ihre Enkel, würden sie niemals zu Gesicht bekommen, wenn sie sich weiter so aufführten.

❚ *Drängeln in der Enkelkinder-Frage*

Ein paar Hunde und Katzen aus dem Tierheim aufnehmen. Wenn dann die Eltern das nächste Mal zu Besuch kommen, erklären, dass man sich auf die Elternschaft vorbereite, indem man Pflege und Hege schon einmal an anderen Lebensformen trainiere. Man habe gelesen, das sei die ideale Vorbereitung, wenn man selbst Kinder haben wolle. Die Eltern bitten, sooft es geht, als Hunde- und Katzensitter einzuspringen.

❚ *Wollen, dass man wieder einzieht*

Den Eltern verkünden, dass man sich das durchaus gut vorstellen könne, weil man sich dann erstens den ganzen Ärger mit dem Waschen und Kochen und Aufräumen ersparen und zweitens ganz auf das Online-Pokern konzentrieren könne.

❚ *Rufen dreimal am Tag an*

Die aktuelle Telefonnummer stilllegen lassen und eine neue Nummer beantragen, ohne ihnen Bescheid zu geben. Oder Voicemail so einstellen, dass sie sich gleich nach dem ersten Klingeln einschaltet. Oder den Anrufbeantworter ganz abschaffen und den Eltern erklären, man wolle sparen. Wenn mit dem eigenen Telefon technisch möglich, für die Eltern einen eigenen Klingelton einrichten, damit man nicht aus Versehen rangeht.

☞ BABYS

▪ *Schreit, wenn man es auf den Arm nimmt*

Baby so auf die Brust legen, dass es den Herzschlag hören kann. Sanft hin und her wiegen und dabei tiefe Töne summen, die Kehle und Brustkorb vibrieren lassen. Wenn der Schreihals trotzdem nicht zur Ruhe kommt, in einen Korb oder eine Babyschale legen. Auf den Wäschetrockner stellen und Gerät einschalten. Das gleichmäßige Brummen und die Vibration werden das Baby schnell einschlafen lassen.

▪ *Macht auf dem Arm großes Geschäft in die Windel*

Baby mit ausgestreckten Armen weit vom Körper weghalten. Gesicht zur Seite drehen und nur durch den Mund atmen. Den Stinker schnell an den nächstbesten Erwachsenen weiterreichen. Dann sofort den Raum verlassen.

▪ *Umstellung auf feste Nahrung*

Baby mit einem Plastiklöffel spielen lassen, damit es sich an das seltsame Gerät gewöhnt. Mit Reisflocken und Milch oder Wasser (im Verhältnis von 1:3) einen Brei zubereiten, der noch flüssig ist, sich aber gut löffeln lässt.
Löffel zur Hälfte füllen und sanft in den Mund des Babys führen. Es braucht anfangs ein wenig Geduld, doch dann wird der Nachwuchs schnell lernen, den Inhalt des Löffels zu schlucken und nicht mit der Zunge wieder rauszuschieben. Allmählich mehr feste Nahrung füttern. Dabei darauf achten, was gut ankommt und was nicht, so fällt die Eingewöhnung leichter.

Wund von der Windel

Betroffene Stellen sanft, aber gründlich mit Wasser säubern. Nur vorsichtig abtupfen, an der Luft trocknen lassen. Dann eine zinkhaltige Wundschutzsalbe auftragen. Windel häufiger wechseln, damit der Po gar nicht erst wund wird – vor allem nach dem großen Geschäft schnell neu wickeln.

Die ersten Zähne kommen

Dem Baby einen kalten Beißring geben. Den Ring am besten gleich im Kühlschrank (aber nicht im Eisfach) aufbewahren, wenn er gerade nicht gebraucht wird; die Kälte lindert den Schmerz. Deshalb hilft alternativ auch kaltes Apfelmus oder kalter Joghurt. Wenn das Zahnfleisch entzündet aussieht, ein kleines Stück Verbandsmull anfeuchten und um den Finger legen; rote Stelle vorsichtig massieren.

Schläft nachts nicht

Ein immer gleicher Ablauf hilft: Eine Geschichte vorlesen, dann das Gute-Nacht-Lied singen – und Licht aus. Wenn das Baby trotzdem nicht zur Ruhe kommt, kann man versuchen, das Weinen oder Schreien zu ignorieren. Oder man nimmt das Baby wieder aus seinem Bettchen und tröstet es. Viele Eltern nehmen ihr Baby mit ins eigene Bett – Hauptsache, der Schreihals gibt Ruhe. Wie auch immer man sich entscheidet: Die Debatte über Einschlaf-Strategien ist ideologisch aufgeladen. Was die einen preisen, gilt den anderen als Verbrechen am Kind. Also am besten niemandem verraten, wie man das eigene Baby zum Schlafen bekommt.

☞ KINDER

»Ich hasse dich!«

Das wahre Problem offen ansprechen: »Ich verstehe, dass du wütend auf mich bist, weil du jetzt kein Eis haben kannst ...« Wenn das Kind etwas haben will, was es nicht haben soll, Alternativen vorschlagen, was es stattdessen bekommen kann, was man stattdessen unternehmen kann. Den »Hass«-Ausbruch niemals persönlich nehmen – Kinder erleben Emotionen in Extremen; was sie in einem solchen Moment sagen, spiegelt nicht ihre tatsächlichen Gefühle den Eltern gegenüber wider.

Lutscht am Daumen

Das Kind loben und preisen, wenn es den Daumen nicht in den Mund steckt. Immer wieder erklären, dass es schlecht für die Zähne ist, wenn man am Daumen nuckelt. Wenn gutes Zureden nicht hilft, Daumen mit Tesafilm umwickeln oder mit Tape und einem flachen Stückchen Holz (etwa mit einem Eisstiel oder einem Zungenspatel) schienen, damit der Daumen steif bleibt – und kein Wohlgefühl bietet, wie es das Kind sucht. Fies, aber es funktioniert.

Schläft nicht ein

Auf der Bettkante sitzen und mit ruhiger Stimme helfen, Entspannung zu finden. »Fühlst du deine Arme? Sie sind so schwer ...« Wenn das nicht funktioniert, das Kind mit ins Wohnzimmer nehmen und vor den Fernseher setzen. Angesichts der Qualität des Programms wird das Kind sehr schnell von selbst wieder ins Bett wollen.

Im Zuckerrausch

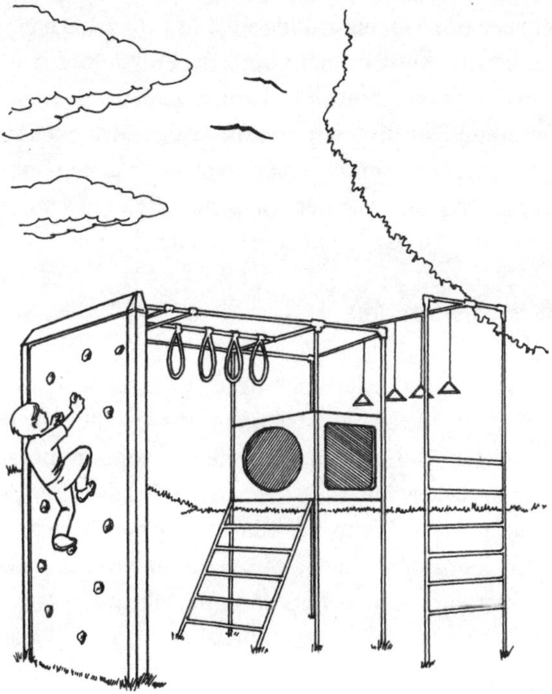

Sofort zum Abenteuerspielplatz und das Kind herausfordern, den Weltrekord in der Bewältigung des Hindernisparcours zu knacken. Eine wahnwitzige Zeitvorgabe machen, die es zu unterbieten gilt. Nach jedem Durchgang verkünden, wie viele Sekunden noch fehlen, um einen Rekord aufzustellen – und das Kind zu einem neuen Anlauf ermuntern. Bei ersten Zeichen von Erschöpfung die Einstellung des Rekordes feiern und das Kind nach Hause bringen. Beim nächsten Zuckerrausch und Energieüberschuss erklären, dass ein unbekannter »Herausforderer« die Bestmarke übertroffen hat, und gemeinsam zur Titelverteidigung aufbrechen.

Fragt immer »Warum?«

Unbedingt dem Impuls widerstehen, einfach mit »Darum« zu antworten. Wenn man müde wird zu antworten oder tatsächlich die Antwort nicht weiß, die Frage einfach zurückgeben: »Was meinst du denn, warum das so ist?« Das kann erstaunliche und sehr unterhaltsame Gedanken zutage fördern. Bei interessanten Fragen Notizen machen und beim nächsten Besuch einer Bibliothek oder eines Museums gemeinsam nach den Antworten forschen.

Will nicht baden

Jungs mit einem ultrafemininen Parfüm einsprühen, Mädchen mit Hefebrotaufstrich oder Fischpaste beschmieren – auf jeden Fall mit ekligen Gerüchen kontaminieren, die nur durch ausgiebiges Baden mit viel Schaum und Seife zu beseitigen sind. Wenn das Kind sich an den strengen Aromen nicht stört, hilft vielleicht eine andere Taktik: Dem Kind erklären, dass man aus sicherer Quelle weiß, dass seine Lieblingszeichentrickfigur nichts lieber tut, als in Schaum zu baden.

Eifersüchtig auf neue Geschwister

Dem Kind Verantwortung für das Baby übertragen – etwa indem man ihm zur Aufgabe macht, den Windelvorrat zu überwachen, oder beim Spaziergang aufpassen lässt, dass keine Blätter oder Zweige in den Kinderwagen fallen. Ausgiebig loben, wenn das Kind seinen Job erfolgreich erledigt.

☞ TEENAGER

■ *Kommt nachts nicht nach Hause*

Mit dem Rest der Familie auswärts frühstücken – soll er doch nach Hause kommen und ein leeres Haus vorfinden. Den ganzen Tag etwas Schönes unternehmen: einkaufen, Ausflug machen, ins Kino gehen. Erst spät am Tag wieder nach Hause zurückkehren und dann so tun, als wäre nichts gewesen. Wenn die Frage kommt, was man denn den ganzen Tag gemacht habe, nur kichern, als hätte man ein Geheimnis zu verbergen.

■ *Bringt Kumpel »zum Lernen« mit nach Hause*

Die beiden fragen, für welches Thema sie denn büffeln wollen. Großes Interesse signalisieren und erklären, dass man genau über dieses Thema schon immer mehr wissen wollte: Ob man sich denn nicht dazusetzen und zuhören könne, wenigstens am Anfang? Allerdings nicht, um still dabeizuhocken, sondern um ständig weiter mit Fragen zu bohren, bis sich die beiden Teenager mit der Gegenwart des Erwachsenen abgefunden haben. Erst dann den Raum verlassen, um andere Dinge zu erledigen. Alle halbe Stunde vorbeischauen, um weitere Fragen einzuwerfen.

■ *Will sich ständig das Auto leihen*

Wenn er oder sie das nächste Mal nach den Schlüsseln fragt, eine Liste mit diversen Aufgaben in die Hand drücken: einkaufen, Päckchen zur Post bringen, Bestellungen abholen, Leergut im Supermarkt abgeben. Wenn sie die Regel akzeptieren, hat man Glück gehabt – und kann solche Jobs künftig immer schön delegieren. Geht der Nachwuchs nicht auf den Deal ein, steht wenigstens das Auto sicher zu Hause.

! *Hört nur noch nervige Musik*

Ein paar CDs seiner Lieblingsbands ausleihen und auf dem Weg zur Arbeit hören. Abends berichten, wie gut einem die Musik gefallen hat und dass man mehr davon hören möchte. Dem Teenager sagen, wie tief einen die Songtexte berühren. Ein paar Takte auswendig lernen und schön falsch vorsingen. Gemeinsame Konzertbesuche vorschlagen. Der Teenager wird entweder seinen Musikgeschmack sofort und radikal ändern – oder man hat tatsächlich ein gemeinsames Gesprächsthema für die Zukunft gefunden.

! *Trägt nur noch nervige Klamotten*

Beim nächsten gemeinsamen Familienausflug oder Einkaufsbummel den Stil der Tochter / des Sohnes nachahmen und im aktuell angesagten Jargon loben: »Der Look hat voll Style! / Triple cool! / Das hat SWAG!«

! *Schläft bis in die Puppen*

Batteriebetriebene Wecker kaufen, und zwar gleich mehrere. In verschiedenen Ecken des Zimmers verstecken, und zwar so, dass man sie vom Bett aus nicht erreichen kann. Zeit so einstellen, dass alle halbe Minute ein neuer Wecker zu nerven beginnt. Teenager zusätzlich auf seinem Handy anrufen. Die Prozedur so lange durchhalten, bis er oder sie sich ans frühe Aufstehen gewöhnt hat.

☞ SCHWIEGERELTERN

Servieren ungenießbares Essen

Allergien sind immer eine gute Ausrede: Egal, was die Schwiegereltern kochen, es bekommt einem leider nicht. Rechtzeitig neue Unverträglichkeiten entwickeln. Alternativ einen sensiblen Magen vorschützen, der gerade nichts außer Müsli oder Marmeladenbrote bei sich behält. Und möglichst schon gegessen haben, bevor man zu den Schwiegereltern fährt.

Kritisieren Berufswahl

Gespräch schnell auf den Berufsweg der Schwiegereltern umsteuern. Großes Interesse an ihrer Karriere zeigen und mitfühlend nach den Frustrationen im Job und potenziellen Nachteilen der eigenen Berufswahl fragen. Große Bewunderung für ihre Fähigkeiten und ihren Durchhaltewillen zum Ausdruck bringen, dass sie es angesichts solcher Herausforderungen (weitere mögliche Defizite ihrer Karriere aufzählen) geschafft haben, auf Kurs zu bleiben. Die Taktik wirkt gleich dreifach: Erstens lenkt sie die Schwiegereltern von der ursprünglichen Kritik ab, zweitens demonstriert man Mitgefühl – und nicht zuletzt weckt man bei den Nörglern Zweifel an ihren eigenen Entscheidungen.

Hätten lieber anderen Schwiegersohn/ Schwiegertochter

Den eigenen Auftritt mit jedem Besuch bei den Schwiegereltern noch ein wenig peinlicher gestalten. Unvorteilhafte Kleidung tragen, ein scheußliches Brillengestell, eine zottelige Perücke, schlecht aufgetragenes Make-up oder sogar falsche Zähne. Nach ein paar solcher Horrorvorstellungen wieder ganz ohne Verkleidung erscheinen – und dann sehen, wie die Schwiegereltern auf das normale Ich reagieren.

Unangekündigter Besuch der Schwiegermutter

Schnell ein Hotelzimmer buchen – für einen selbst. Sich bei der Schwiegermutter überschwänglich bedanken, dass sie gekommen ist, weil man nun den Babysitter abbestellen kann, den man schon organisiert hat, um als Paar endlich mal ein verlängertes Wochenende ans Meer / in die Berge / in eine andere Stadt zu fahren. Der Schwiegermutter eine detaillierte Liste überreichen, worum sie sich außerdem noch kümmern muss (Haustier füttern, Blumen gießen, einkaufen). Dann schnell die Tasche packen und nichts wie weg.

Gemeinsamer Urlaub

Zimmer mit größtmöglichem Abstand zu dem der Schwiegereltern wählen. Eine Abmachung treffen, dass man *entweder* den Tag *oder* den Abend mit ihnen verbringt – und die andere Hälfte des Urlaubstages ganz für das Privatleben mit dem oder der Liebsten reserviert bleibt. Wenn sich die Schwiegereltern beschweren, erklären, dass einem berufliche und sonstige Verpflichtungen nicht genug Zeit für Zweisamkeit lassen. »Allein«-Zeit in großer Entfernung vom Hotel verbringen, um zufällige Begegnungen auszuschließen.

Streit über Politik

Da sind historische Studien gefragt: Welchen zeitgeschichtlichen Hintergrund und welche politische Bedeutung haben die Überzeugungen der Schwiegereltern? Wenn das Gespräch wieder auf Politik kommt, sollen sie spüren, dass man nicht nur ihre Positionen besser versteht als sie selbst, sondern auch die historischen Belege für die eigene Argumentation anführen kann. Ihnen wird schlagartig die Lust an solchen Debatten vergehen, wenn sie merken, dass es keinen Spaß macht, mit ihrer Schwiegertochter / ihrem Schwiegersohn zu streiten.

KAPITEL 9

KOCHEN UND ESSEN

☞ KÜCHENNOTFÄLLE

Mit dem Fleischmesser geschnitten

Verletzte Hand höher als das Herz halten. Fünfzehn Minuten kräftigen Druck auf die Wunde ausüben, bis die Blutung stoppt. Dann desinfizieren und verbinden. Schnitte, die länger als ein Zentimeter sind, sehr tief gehen und nicht aufhören zu bluten, müssen möglicherweise genäht werden.

Feuer im Backofen

Ofentür geschlossen lassen, Gerät ausschalten. Auch wenn aus Lüftungsschlitzen Qualm nach außen dringt, ist das kein Grund zur Sorge: Backöfen sind so konstruiert, dass sie Hitze und Flammen standhalten. Das Feuer sollte nach wenigen Minuten von selbst verlöschen, weil es nicht genügend Sauerstoff bekommt. Wenn keine Flammen mehr zu sehen sind, Tür noch mindestens fünf Minuten geschlossen lassen, um dem Feuer keine neue Nahrung zu geben. Beim Öffnen Gesicht abwenden. Wenn der Ofen nach zehn Minuten immer noch brennt, Feuerwehr rufen.

Fettbrand

Herdplatte oder Gasflamme abstellen. Große Topfhandschuhe anziehen (am besten solche, die bis zum Ellbogen reichen), passenden Deckel für die Pfanne oder den Topf nehmen und vorsichtig drüberschieben, um den Brand zu ersticken. Wenn es für die Pfanne keinen Deckel in der richtigen Größe gibt, Backblech oder Löschdecke nehmen. Auf keinen Fall versuchen, den Brand mit Wasser zu löschen – das schlagartig verdampfende Wasser reißt kleine

Fettspritzer mit, die sich sofort entzünden, es gibt eine regelrechte Explosion.

! *Gasherd springt nicht an*

Die Abdeckplatte des Herds anheben und prüfen, ob das Zündflämmchen noch brennt. Wenn die Flamme nicht mehr flackert und auch kein Gasgeruch wahrzunehmen ist, ein langes Streichholz zünden und das Flämmchen wiederbeleben. Wichtig: Die Drehknöpfe am Herd dürfen dann nicht in der Zündstellung stehen. Und ganz grundsätzlich: Niemals ein Streichholz zünden, wenn es im Haus nach Gas riecht. Dann Fenster und Türen öffnen und raus aus der Wohnung oder dem Haus. Den Gasversorger verständigen.

! *Hände stinken nach Knoblauch*

Hände unter laufendem Wasser an einem Gegenstand aus Edelstahl reiben. Es gibt auch Stahlseife, ein handliches Stück aus Edelstahl, für diesen Zweck. Warum das Metall wirkt, ist noch nicht endgültig geklärt – aber es funktioniert.

! *Peperoni-Kontamination*

Eine Lösung zum Händewaschen ansetzen – aus zehn Teilen Wasser und einem Teil Bleichmittel. Ansonsten gilt: Immer Gummihandschuhe tragen, wenn man mit scharfen Chilis hantiert, um den Kontakt mit Capsaicin zu vermeiden, dem Höllenfeuer des Pfeffers. Am stärksten ist die Capsaicin-Konzentration übrigens in den Fasern, an denen die Samen der Chilischote hängen.

Konservenglas lässt sich nicht öffnen

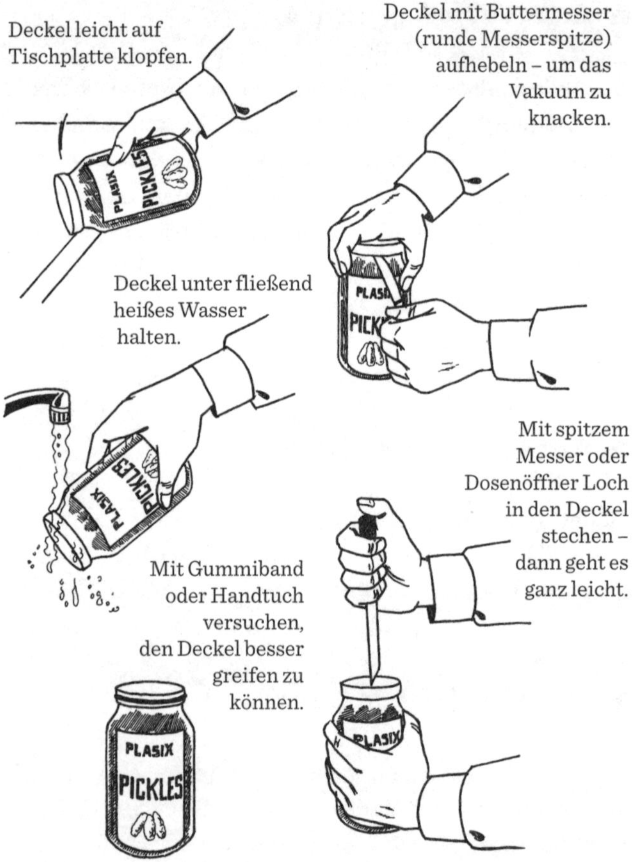

Deckel leicht auf Tischplatte klopfen.
Deckel mit Buttermesser (runde Messerspitze) aufhebeln – um das Vakuum zu knacken.
Deckel unter fließend heißes Wasser halten.
Mit spitzem Messer oder Dosenöffner Loch in den Deckel stechen – dann geht es ganz leicht.
Mit Gummiband oder Handtuch versuchen, den Deckel besser greifen zu können.
PLASIX
PICKLES

Mit diesen Techniken, einzeln angewandt oder in Kombination, lässt sich jeder Deckel öffnen.

Tränen beim Zwiebelnschneiden

Zwiebeln vor dem Schneiden zehn Minuten ins Tiefkühlfach legen. Herausnehmen und schnell verarbeiten. Möglichst nicht in den Bereich der Zwiebelwurzel schneiden, denn in diesem Bereich ist die Konzentration der schwefelhaltigen Aminosäure, die den Tränenfluss verursacht, am höchsten. Alternative: Zwiebeln im Sitzen mit ausgestreckten Armen schneiden – das »Tränengas« der Zwiebel steigt senkrecht auf.

KATASTROPHEN BEIM KOCHEN

Kuchen geht nicht auf

Den Kuchen in dünne Streifen schneiden und in geschmolzener Butter in der Pfanne anbraten. Dann mit Puderzucker bestäuben – lecker.

Risse im Käsekuchen

Kuchen schon in der Küche aufschneiden, vor dem Servieren. Alternativ mit einer Lage geschnittener Beeren oder einer leckeren Marmelade bedecken. Zur Marmelade einen Esslöffel Schnaps geben, dann lässt sie sich besser verarbeiten. Den Belag in die Risse sickern lassen, dann noch ein wenig Marmelade dazugeben und den Belag zu einer schön gleichmäßigen Schicht verstreichen. Risse im Käsekuchen lassen sich vermeiden: einfach zum Backen eine Schale mit Wasser auf die Etage unter dem Backblech mit dem Kuchen stellen.

❚ *Eiweiß zu lange geschlagen*

Zusätzliches Eiweiß einrühren, ein Ei extra für jeweils fünf, die schon geschlagen wurden. Noch einmal quirlen, bis die Konsistenz erreicht ist, die das Rezept verlangt. Etwa eine Vierteltasse abschöpfen, um das zusätzliche Ei zu kompensieren.

❚ *Fleisch zu trocken*

Etwa fünfzig Gramm Butter schmelzen und mit Bratensoße oder Bratenfett verrühren. Fleisch in dünne Scheiben schneiden und in ein flaches Backblech legen. Mit Buttermixtur tränken und mit Alufolie abdecken. Bei hundert Grad zehn Minuten im Ofen garen. Dann servieren.

❚ *Bratensoße klumpt*

Misslungene Soße durch ein Haarsieb gießen, um die Klumpen zu entfernen. Um zu verhindern, dass sich solche Klumpen überhaupt erst bilden, das Bindemittel der Wahl (Mehl, Stärke, Pfeilwurzmehl) vorher mit ein wenig Flüssigkeit zu einer sämigen Paste verrühren und dann schön gleichmäßig in die heiße Soße schlagen.

Hummer entwischt

Küchentüren und Schränke schließen, um alle Fluchtrouten zu verbauen. Topfhandschuhe anziehen, um die Hände vor den Zangen des Hummers zu schützen. Dann Hummer mit einem Topfdeckel so in die Enge treiben, dass man ihn von hinten greifen kann. Zangen voran in einen großen Topf stecken, der sich mit einem schweren Deckel gut verschließen lässt.

Suppe versalzen

Zwei rohe, geschnittene Kartoffeln in die Suppe geben. Zehn bis fünfzehn Minuten mitkochen lassen, dann wieder entfernen. Auch Honig kann helfen, ein Übermaß an Salz zu neutralisieren, wenn man nicht von allen anderen Zutaten mehr hinzugeben kann. Der beste Weg, Versalzen zu verhindern: Suppe mit einem Minimum an Salz zubereiten – und erst fertig würzen, wenn sie im Suppenteller ist.

Soße zu dick

Zusätzlich Brühe einrühren (Huhn, Rind oder Gemüse), bis die Soße die gewünschte Konsistenz hat – oder Soße durch ein Sieb gießen.

Soße zu dünn

Ein oder zwei Esslöffel Stärke mit ein wenig kaltem Wasser zu einer Paste mixen, dann in die Soße rühren. Wenn man die Stärke direkt in die Soße gibt, besteht die Gefahr, dass sich Klumpen bilden. Soll es eine Soße auf Tomatenbasis werden, ein oder zwei Esslöffel konzentriertes Tomatenmark einrühren.

Zu viel Knoblauch in der Soße

Sichtbare Knoblauchstücke mit einem Schaumlöffel oder einem kleinen Sieb abschöpfen, dann ein wenig Honig dazugeben, um das starke Aroma des Knoblauchs zu neutralisieren.

Brauner Zucker hart wie Stein

Zucker in eine mikrowellenfeste Schale geben und mit feuchtem Papiertuch abdecken. Dreißig Sekunden bis eine Minute in die Mikrowelle stellen, dann prüfen, ob der Zucker schon weich geworden ist. Brauchbare Bestandteile mit der Gabel herausholen, verbliebene harte Klumpen erneut in die Mikrowelle stellen. Prozedur wiederholen, bis der Zucker weich genug ist. Dabei aufpassen, dass er nicht komplett schmilzt.

Salat welk

Waschbecken mit warmem Wasser füllen. Salatblätter fünf bis zehn Minuten ins Wasser geben. Dann in einer Salatschleuder trocknen oder mit Papiertüchern abtupfen. Salat mit einem feuchten Handtuch abdecken und mindestens dreißig Minuten in den Kühlschrank stellen.

Soufflé sackt ein

Das kollabierte Soufflé mit einer Lage aus geschlagener Sahne oder Schokoladencreme krönen – und als »Auflauf« servieren. Wenn man gar nicht erst in diese Verlegenheit geraten will:

- Nur Eier verwenden, die Raumtemperatur haben.
- Beim Soufflé-Backen niemals die Ofentür öffnen.
- Soufflé unten im Ofen backen, damit es sich nach oben ausdehnen kann.

Zutat fehlt

Zutat	Menge	Ersatz
Backfett	1 Tasse	1 ⅛ Tasse Butter oder Margarine (und die im Rezept vorgesehene Menge Salz um ½ Esslöffel reduzieren)
Backpulver	1 Teelöffel	¼ Teelöffel Backnatron plus gut ½ Teelöffel Weinstein
Butter, fest	200 Gramm	200 Gramm Margarine oder Pflanzenfett zum Backen
Butter, geschmolzen		gleiche Menge Öl
Buttermilch	1 Tasse	1 Esslöffel Zitronensaft oder Essig plus genügend Milch für eine Tasse (5 Minuten ziehen lassen)
Essig	1 Teelöffel	2 Teelöffel Zitronensaft
Honig	1 Tasse	1 ¼ Tasse Zucker plus ¼ Tasse zusätzliche Flüssigkeit, wie sie das Rezept sonst noch verlangt
Joghurt	1 Tasse	1 Tasse Milch plus 1 Esslöffel Zitronensaft
Kakaopulver, frisch	¼ Tasse	30 Gramm Zartbitterschokolade (und dann den Fettanteil im Rezept um 1½ Teelöffel reduzieren)
Knoblauch	1 Zehe	⅛ Löffel Knoblauchpulver
Mayonnaise	1 Tasse	1 Tasse Joghurt oder 1 Tasse Sauerrahm / Schmand
Sahne, halbfett	1 Tasse	1 Tasse Milch plus 1 Esslöffel Butter oder Margarine
Sahne	1 Tasse	¾ Tasse Milch plus ⅓ Tasse Butter Doppelrahm oder Margarine (zum Kochen und Backen)
Puderzucker	1 Tasse	½ Tasse normalen Zucker plus 1 Esslöffel groben Streuzucker
Sirup	1 Tasse	¾ Tasse Zucker plus 1 ¼ Teelöffel Weinstein (plus 5 Esslöffel von der Flüssigkeit, die das Rezept verlangt)
Streuzucker	1 Tasse	1 ¾ Tasse Puderzucker oder 1 Tasse grob locker verpackter brauner Zucker
Zitronensaft, frisch	1 Teelöffel	½ Teelöffel Essig
Zucker, braun	1 Tasse	1 Tasse grober Streuzucker

☞ KLECKERN UND VERSCHÜTTEN

Geschirrspüler setzt Küche unter Wasser

Maschine ausstellen oder Wasserhahn des Zulaufs zudrehen. Sieb herausnehmen und unter fließendem Wasser mit einer Bürste säubern. Wenn das Wasser aus dem Geschirrspüler nicht abläuft, liegt das häufig an Speiseresten, die das Sieb im Abfluss verstopfen. Wasser vom Boden aufwischen, Geschirr aus der Maschine nehmen. Dann einmal im Spülgang leer laufen lassen, damit das Wasser komplett abgepumpt wird. Läuft der Geschirrspüler erneut über, Servicemechaniker bestellen.

Öl verschüttet

Grobes Salz auf die Lache schütten. Ein paar Minuten einwirken lassen, dann Salz samt Öl aufwischen. Tafelsalz geht natürlich auch, ist aber nicht ganz so effektiv; dasselbe gilt für Mehl. Verbleibende Ölspuren mit ein bisschen Spülmittel und einem Papiertuch entfernen. Kein Wasser, keine Seife – sonst verteilt man den Ölfilm nur über eine noch größere Fläche.

Rote Soße auf weißem Tischtuch

Mit einem Löffel eventuelle Speisereste vom Tischtuch kratzen. Einen Teelöffel Waschmittel (nicht bleichend, für Buntwäsche) in einer Tasse mit warmem Wasser mischen. Mit einem Lappen auf den Fleck auftragen, mit einem Papiertuch wieder abtupfen. Wenn der Fleck nicht verschwindet, einen Esslöffel Salmiakgeist mit einer halben Tasse kaltem Wasser mischen. Fleck mit dieser Lösung bearbeiten. Ist er danach immer noch sichtbar, Prozedur mit der Mischung aus Waschmittel und Wasser wiederholen. Mit nassem Schwamm abtupfen.

☞ BIER, WEIN UND SCHNAPS

Wein verkorkt

Wegkippen – der Wein ist nicht mehr zu retten. Der schimmlig-muffige Geruch ist ein Anzeichen dafür, dass der Korken mit einer aromatischen Kohlenwasserstoffverbindung namens Trichloranisol (oder TCA) belastet ist, die entstehen kann, wenn der Korken gegen Pilzbefall behandelt wurde.

Flasche ohne Korkenzieher öffnen

Mit hölzernem Servierlöffel oder ähnlichem Gerät von oben auf den Korken drücken. Mit gleichmäßigem Druck Korken in die Flasche pressen. Wenn er sehr fest sitzt, mit einem Hammer oder Fleischklopfer vorsichtig auf den Löffel klopfen, bis der Korken nach unten flutscht.

Kein Öffner für Bierflasche dabei

Man kann sich mit allem Möglichen behelfen, Tischkanten, Schlüssel, Feuerzeuge, Gürtelschnallen. Experten können eine Bierflasche sogar mit einem gefalteten Blatt Papier öffnen. Entscheidend ist, dass man eine feste Kante unter die Zacken des Kronkorkens bekommt und sich genügend Widerstand bietet, um den Deckel aufzuhebeln. Nachteil der meisten Techniken: Die Zacken des Kronkorkens hinterlassen hässliche Kratzspuren.

Kopfschmerzen nach Champagnersause

Ein rezeptfreies Schmerzmittel nehmen, viel Wasser trinken, an der frischen Luft spazieren gehen – und Geduld haben. Kaffee vermeiden, der macht es einem gereizten Magen nur schwer. Und gegen Kater hilft Vorbeugen: Zum Champagner auf jeden Fall etwas essen, je fettiger, desto besser. Gelegentlich eine Pause einlegen und stattdessen Wasser oder Saft trinken.

Bodensatz im Wein

Die Flasche vierundzwanzig Stunden aufrecht stehen lassen. Korken ziehen und auch die Folie ganz vom Flaschenhals entfernen. Wein bei Kerzenlicht vorsichtig aus der Flasche in eine Karaffe gießen. Sofort stoppen, wenn das Sediment den Flaschenhals erreicht. Den restlichen Wein wegschütten – er ist nicht zu retten.

☞ GRILLEN

Bierdose im Hähnchen explodiert

Hähnchen mit einer Grillzange vom Rost nehmen und auf einen Teller legen. Nach der Explosion der Bierdose besteht keine weitere Gefahr mehr. Abkühlen lassen – und dann in den Müll damit. Denn bei der Explosion haben sich möglicherweise kleine Aluminiumsplitter ins Fleisch gebohrt. Hähnchen auf der Bierdose ist ein tolles Rezept, aber man darf natürlich nicht vergessen, die Dose vorher zu öffnen und ein paar Schlucke abzutrinken.

Aufgespießt

Speisereste und Marinade, so gut es geht, vom Spieß abwischen, dann Spieß mit einem schnellen, entschlossenen Ruck aus dem Arm ziehen – oder wo auch immer man sich das Metall hineingerammt hat. Wunde fünf Minuten unter fließendem Wasser reinigen und kühlen. Eine kleine Stichwunde sollte nicht zu stark bluten. Einstichstelle genau untersuchen: Wenn Fremdkörper zu erkennen sind, sofort einen Arzt aufsuchen. Ist die Wunde sauber, mit einer Kompresse und ein wenig Druck die Blutung stoppen. Mit Seife und Wasser reinigen und verbinden.

Schürze brennt

Wenn Kleidung in Brand gerät: »Stop, drop and roll.« Also auf den Boden werfen und hin- und herwälzen, um die Flammen zu ersticken. Wenn die Schürze nur angesengt ist, schnell ausziehen und auf den Boden werfen – möglichst nicht gerade dahin, wo die Gasflasche für den Grill steht oder ein Haufen trockner Blätter liegt. Mit geschlossenen Schuhen Glut austreten oder mit Limo oder Bier löschen. Nicht mit Sandalen oder gar barfuß versuchen, den Schwelbrand zu ersticken.

Fleisch verkohlt

Fleischstück vom Grill nehmen. Mit scharfem Messer die verkohlten Stellen großzügig abschneiden. Fleisch wieder auf den Grill legen, wenn die Temperatur im Innern weniger als siebzig Grad beträgt. Wenn das Fleisch schon mehr als durch ist, noch ein wenig geschmolzene Butter zur Grillsoße geben und das Fleisch mit viel Soße servieren. Hat das Fleisch bereits so lange auf dem Grill gelegen, dass es sehr trocken geworden ist, in kleine Stücke schneiden und in die Grillsoße mischen. Auf einem Hamburger-Brötchen oder mit Kartoffeln oder Reis servieren.

Fett brennt

Flammen mit grobem Salz ersticken. Grill sofort abdecken und prüfen, ob alle Lüftungsschlitze geschlossen sind. Dreißig Sekunden warten, dann Deckel langsam lüften. Mit ausgestrecktem Arm vom Körper halten und bereit sein, bei einem Wiederaufflammen sofort zu reagieren. Dass sich Fettspritzer entzünden, kann man am besten durch Ordnung auf dem Grill verhindern: den Haufen Kohle und die größte Hitze auf der einen Seite, das Grillgut auf der anderen.

Fisch zerfällt

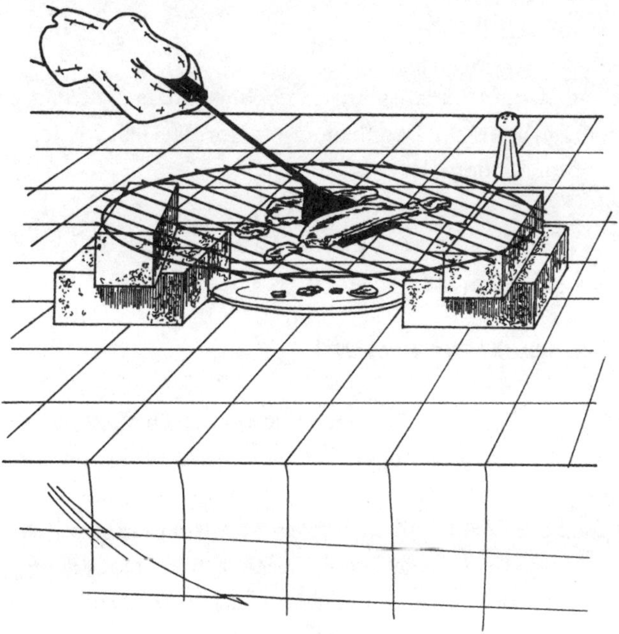

Grillhandschuhe anziehen und den Metallrost mit dem Fisch vom Grill nehmen. Rost so auf zwei Ziegel legen, dass man einen Teller oder eine Pfanne darunterschieben kann, um die Stücke Fisch aufzufangen, die sich gelöst haben. Pfannenwender mit Olivenöl einreiben und restlichen Fisch vom Rost schaben. Mit ein wenig Zitrone abschmecken und als Fisch-Haschee servieren.

Grillsoße im Auge

Mit einer sauberen Bratenspritze und Wasser das Auge ausspülen und kühlen, bis der Schmerz nachlässt.

Grill kippt um

Grill wieder aufrichten, glühende Kohle mit der Grillzange wieder einsammeln. Den Boden rund um den Grill wässern, am besten mit dem Gartenschlauch.

☞ ABENDESSEN MIT GÄSTEN

Unerwarteter Besuch

Erfreut tun. Einen zusätzlichen Platz am Tisch eindecken und einen Stuhl dazustellen. Sollte der nicht zu den anderen Stühlen am Esstisch passen, selbst daraufsetzen, damit der Gast sich nicht fehl am Platze fühlt. Wenn es eigentlich einen Hähnchenschenkel oder ein Steak pro Person geben sollte und nun eine Portion fehlt, Fleisch in der Küche zerlegen und aufteilen, ohne dass die Gäste es merken. Oder: Sich mit dem Kogastgeber eine Portion teilen. Extra Brot oder Salat servieren, um die verkleinerten Portionen wettzumachen.

Und was bekommen die Vegetarier?

Den Veganer oder Vegetarier in die Küche bitten, um zu sichten, was für ihn infrage kommt. Eine große Platte anrichten mit allem, was die Vorräte an fleischloser Kost hergeben: Rohkost und aufgeschnittenes Obst, Nüsse und Chips, Brot oder Kräcker (solange sie frei von tierischen Fetten sind) und dazu Salsa, Erdnussbutter oder Hummus servieren. Veganer sind es in der Regel gewohnt, dass die Auswahl ihrer Speisen etwas aufwendiger ist, und viele haben Freude am Improvisieren.

Zubereitung dauert länger als geplant

Noch einen Aperitif servieren. Vorspeisen hinauszögern oder in mehreren Gängen servieren. Also erst einen Salat, dann zur Überbrückung ein Sorbet, Käse oder Obst – was auch immer in ausreichender Menge zur Verfügung steht. Uhren diskret mit einem Geschirrtuch abdecken oder hinter einer Topfpflanze verstecken.

Überdosis Austern-Aphrodisiakum

Viel Knoblauch und Zwiebeln essen, um sich vor unerwünschten Annäherungsversuchen zu schützen. Den Austern-Gourmet mit Themen wie Bundesliga, Steuererklärung oder den steigenden Immobilienpreisen ablenken.

❗ *Tischgespräch eskaliert*

Die hitzige Debatte unterbrechen, indem man den nächsten Gang serviert oder ein Dessert; auch Kaffee oder eine weitere Runde Getränke funktionieren als Ablenkungsmanöver. Alternative: Kurz mit der Gabel ans Glas tippen und einen universellen Trinkspruch ausbringen – auf die Familie, Freundschaft, die Gemeinschaft. Oder: Die Tischgenossen um Rat bei einem komplexen (just erfundenen) Problem bitten, das alle den Streit vergessen lässt.

❗ *Peinlicher Trinkspruch*

Schnell ein (möglichst unzerbrechliches) Utensil vom Tisch fallen lassen oder umstoßen – und dann so tun, als hätte man sich beim Versuch, es wieder aufzuheben, den Kopf gestoßen. Alternative: ein geräuschvoller Hustenanfall. Wenn die Tischgenossen fragen, ob alles in Ordnung ist, einen Moment zögern, um noch länger von dem peinlichen Trinkspruch abzulenken. Und dann erwidern: »Geht schon wieder, danke. Aber lasst uns doch einfach weiteressen.«

❗ *Verdauungskoma nach üppigem Gelage*

Koffeinhaltige Getränke (Kaffee, Tee, Cola) zu sich nehmen und Süßigkeiten (Eiscreme, Obst) futtern – das hält wach. Wenn die Augen trotzdem zufallen, hilft nur ein Spaziergang an der frischen Luft. Der wirkt immer belebend.

▪ *Nervensäge als Tischnachbar*

Aus der Konversation ein Spiel machen: Jedes Mal, wenn die Nervensäge wieder etwas besonders Peinliches von sich gibt oder ihre absolute Ahnungslosigkeit beweist, sich einen Schluck Wein gönnen. Alternative: im Kopf mitzählen, wie oft der Tischnachbar über sich selbst spricht. Versuchen, die anderen Tischgenossen in das Gespräch einzubeziehen, indem man sie mit Details aus den Geschichten der Nervensäge lockt: »He, ihr habt doch auch so einen Rasenmäher ...« Sich entschuldigen und aufstehen – um in die Küche zu gehen, ins Badezimmer oder um etwas aus dem Auto zu holen – und der Runde so lange wie möglich fernbleiben. Mit ein wenig Glück hat die Nervensäge in der Zwischenzeit ein neues Opfer gefunden.

▪ *Knochen / Knorpel elegant entsorgen*

Serviette in einer Bewegung an die Lippen führen, als wollte man sich den Mund abwischen. Diskret den Knorpel mit der Zunge in die Serviette drücken. Nicht spucken – das können die Tischgenossen hören. Vom Tisch entschuldigen und den Inhalt der Serviette in den Mülleimer leeren (bei einer Stoffserviette) oder gleich ganz wegwerfen (im Falle einer Papierserviette). Man kann natürlich auch mit der Serviette auf dem Schoß sitzen bleiben, nur muss man dann Tuch oder Papier so falten, dass der Inhalt nicht herauspurzelt. Am Ende der Mahlzeit Knorpel auf dem Teller deponieren und mit der Serviette bedecken.

☞ IM RESTAURANT

❗ *Reservierung storniert / vergessen*

Ruhe bewahren. Dem Wirt oder Kellner höflich erklären, an welchem Tag und zu welcher Uhrzeit man die Reservierung gemacht hat und mit wem man am Telefon gesprochen hat. Der eigenen Enttäuschung Ausdruck verleihen, dass man im Lieblingsrestaurant keinen Platz finden kann – und das ausgerechnet jetzt, wo die Beförderung / der Geburtstag / Hochzeitstag / die Entlassung aus dem Gefängnis gefeiert werden soll. Wenn alles nicht wirkt und das Personal partout keinen Tisch finden kann, darauf bestehen, dass man Ihnen in einem anderen Restaurant in der Nähe einen Platz besorgt.

❗ *Am schlimmsten Tisch*

An der Bar noch ein Getränk bestellen. Den Oberkellner bitten, dass er den Tisch an den nächsten Gast weitergibt und man auf einen anderen Tisch warten möchte. Andere Möglichkeit: Der vorgesehene Tisch wird an einen besseren Platz gerückt.

❗ *Geburtstagsfest am Nachbartisch*

Das Essen so bestellen, dass die Vorspeisen serviert werden, wenn die Geburtstagsrunde ihren Nachtisch gegessen hat. Sollte das nicht möglich sein, um einen anderen Tisch im Restaurant bitten. Oder: Wenn der Kuchen aufgefahren wird, lauthals »Happy Birthday« mitsingen und um ein Stück von der Torte bitten.

Unaussprechliche Speisen auf der Karte

Das gewünschte Gericht nur mit dem Substantiv nennen: Man nimmt den Fisch, das Rind, das Huhn, die Ravioli oder das Tagesgericht. Auf die entsprechende Stelle in der Speisekarte deuten, um klar zu zeigen, was gemeint ist. Alternative: abwarten, was die Tischgenossen bestellen, und sich ihnen anschließen. Oder auf das Gericht am Nachbartisch deuten und dem Kellner sagen: »Das nehme ich auch, bitte.«

Kerze setzt Karte in Brand

Speisekarte sofort fallen lassen und Gläser und Flaschen über den Flammen ausgießen, bis das Feuer gelöscht ist. Falls noch keine Getränke serviert worden sind: Einen Teller umdrehen und auf die brennende Speisekarte drücken, um die Sauerstoffzufuhr abzuschneiden und die Flammen zu ersticken. Den Gästen an den Nachbartischen zurufen: »Das flambierte Menü ist heute nicht zu empfehlen.«

Unhöflicher / abwesender Kellner

Falls man noch nicht bestellt hat, das Restaurant verlassen. Ist die Order schon in Arbeit, nach dem Geschäftsführer oder der Chefin verlangen und die Situation schildern. Er oder sie sollte den Kellner sofort darauf ansprechen und den Konflikt lösen. Wenn auf die Beschwerden auch weiterhin nicht eingegangen wird, kein Trinkgeld geben. Sollte ein Servicezuschlag auf der Rechnung auftauchen, mit Karte zahlen. Dann kann man den Zuschlag nachträglich anfechten.

KAPITEL 10

☞ LEBENSPHASEN

☞ ALS KIND

❚ *Treffer in die Magengrube beim Völkerball*

In dem Augenblick, wo der Ball auftrifft, Körper zusammenkrümmen. Gleichzeitig die Arme ausstrecken, sodass sich die Finger beider Hände fast berühren, um den Ball zu erwischen, wenn er vom Körper wegspringt. Dann ist nämlich der Gegner draußen!

❚ *Sturz vom Klettergerüst*

Kopf und Nacken mit den Armen schützen und auf die Landung konzentrieren – der Boden unter Spielgeräten ist in der Regel mit Gummimatten, Sand oder einem Holzspan-Gemisch gepolstert. Nach dem Aufschlag vorsichtig Arme und Beine bewegen und sichergehen, dass nichts schlimm wehtut. Nur dann weinen, wenn die Aufmerksamkeit eines Erwachsenen geweckt werden soll und / oder Hilfe benötigt wird.

❚ *Die anderen lassen einen nicht mitspielen*

Möglichst unbeteiligt tun. Nicht einen Moment länger am Spielfeld stehen und zugucken oder auch nur in der Nähe spielen – das wirkt nur peinlich, und man riskiert noch weitere Zurückweisungen. Den ganzen Ärger und Frust in den Ehrgeiz stecken, selbst besser zu werden. Zu Hause mit der Familie trainieren. Je besser man wird, desto mehr kann man es den anderen zeigen, wenn man das nächste Mal die Chance bekommt.

Am Kleiderhaken aufgehängt

Hemd oder Jacke aufknöpfen, dabei mit dem obersten Knopf anfangen, bis man genug Bewegungsfreiheit hat, um sich aus der Zwangslage herauszuschlängeln. Dann Jacke oder Hemd vom Haken nehmen und wieder anziehen. Wenn es der eigene Mantel war, einfach gleich hängen lassen.

Heimweh im Ferienlager

Nur auf diesen Moment und die Dinge konzentrieren, die einen jetzt gerade umgeben. Nicht vom Kummer überwältigen lassen bei dem Gedanken an die Familie, Freunde oder Sachen zu Hause, die man schrecklich vermisst. So tun, als hätte es einen in ein fremdes Land verschlagen oder auf einen fernen Planeten. Seltsame Gerüche und Geräusche genau registrieren, Landschaft und das Verhalten ihrer Bewohner studieren, um später zu Hause einen detaillierten Bericht des Abenteuers abliefern zu können.

Hose nass

Buch, Ranzen oder großes Spielzeug vor den betroffenen Bereich halten, um ihn zu verdecken, und einen Ort suchen, wo mit Flüssigkeiten hantiert wird – einen Waschraum, einen Trinkbrunnen, einen Getränkeautomaten. Dann Hose und T-Shirt zusätzlich mit Wasser oder was auch immer bekleckern, um den peinlichen Fleck zu tarnen. Die eigene Ungeschicklichkeit beklagen und die Erwachsenen fragen, ob man nicht schnell nach Hause darf, um trockene Sachen anzuziehen.

Bruder / Schwester petzt

Sofort die volle Verantwortung für alle unterstellten Untaten übernehmen. Ohne Einschränkung zugeben, dass Bruder oder Schwester absolut recht haben, und versichern, dass es einem schrecklich leidtue. Wenn die verblüfften Eltern später überlegen, wie sie einen bestrafen sollen, in aller

Ruhe erklären, dass man mit dem Zwischenfall nichts zu tun gehabt und die Verantwortung nur deshalb übernommen habe, um Streit zu vermeiden. Den Erwachsenen den Hinweis geben, dass das auffällige Verhalten der Geschwister möglicherweise ein verzweifelter Schrei nach elterlicher Aufmerksamkeit sein könnte.

! *Hausarrest*

Das Beste daraus machen und sich zu Hause ein paar Dinge beibringen, die einem später im Leben nützlich sein können. Zum Beispiel lernen, wie man ein anständiges Omelett macht (der Trick ist, die Pfanne heiß genug werden zu lassen, damit die Eier so schnell wie möglich durch sind). Alternative, sofern das infrage kommt: schon mal üben, wie es sich in High Heels läuft.

! *Schlechte Note*

So tun, als wäre man tief in düsteren Gedanken versunken, wenn man die schlechten Noten nach Hause bringt. Wenn die Eltern einen auf die versiebte Arbeit ansprechen, einräumen, wie groß die Enttäuschung über das eigene Versagen sei, und versichern, dass man jede Strafe akzeptieren werde, sofern sie einen nicht zu sehr vom Lernen abhält. Dann im eigenen Zimmer einsperren und die nächsten paar Tage über den eigenen Unterlagen brüten, die dekorativ im ganzen Zimmer verteilt sein sollten. Fassade so lange aufrechterhalten, bis die Eltern einen bitten, es nicht ganz so ernst zu nehmen und zur Abwechslung auch mal wieder einfach Kind zu sein.

Angriff des Schulhof-Tyrannen

Den Fiesling unbedingt zuerst attackieren. Der Angriff muss absolut überraschend erfolgen, er darf nicht eine Sekunde haben, sich darauf einzustellen. Wild um sich schlagen und treten – und dabei brüllen, was die Lungen hergeben. Kann gut sein, dass er einen danach plattmacht. Aber nach der Episode wird er es sich genau überlegen, ob er sich beim nächsten Mal nicht lieber ein Opfer aussucht, das sich weniger wehrt und auch nicht einen solchen Krawall veranstaltet.

Lehrer nimmt einen dauernd dran

Sich angewöhnen, beim Sprechen zu stottern, und lange Pausen zwischen einzelnen Wörtern machen, bis der Lehrer gar nicht mehr anders kann, als die Sätze für einen zu vollenden. Wenn er einen dann später dabei erwischt, wie man mit seinen Kumpels unfallfrei spricht, vorgeben, dass man das Problem nur habe, wenn man vor einer großen Gruppe frei reden müsse.

Pausenbrot schmeckt nicht

Das Pausenbrot anderen Kindern in der Klasse zum Tausch anbieten. Möglicherweise hat nicht gleich der Erste den Leckerbissen, den man sich wünscht, aber vielleicht hat er etwas, das man gewinnbringend weiter tauschen kann. Zur Not Termingeschäfte verabreden: jetzt essen, an einem späteren Tag die verabredete Gegenleistung erbringen.

ALS TEENAGER

Freundin macht einem alles nach

Zeit für eine Shopping-Falle: Eine Freundin, die einem einmal die Ideen klaut, wird auch es wieder tun. Zu einem Einkaufsbummel einladen und Interesse an grässlichen neuen Klamotten bekunden, die man nicht mal im Albtraum tragen würde – und bedauernd feststellen, dass man sich die neue Mode leider noch nicht leisten kann. Einschlägige Magazine und TV-Shows als Beleg anführen für den neuen heißen Look und Stars nennen, die ihn schon tragen. Und dann abwarten, ob die Freundin anbeißt.

Freund/Freundin spannt einem Freund/ Freundin aus

Diskret darauf hinweisen, dass die / der Ex an einer Geschlechtskrankheit leidet, die immer wieder ausbricht. Ein Glück eigentlich, dass man nicht mehr mit ihr/ihm zusammen ist. Gleichzeitig herausfinden, wen der herzlose Kumpel / die fiese Freundin toll findet – und sich ins Zeug legen, diese Person für sich zu gewinnen.

Erstes Treffen mit den Eltern des Partners

Direkten Blickkontakt herstellen. Selbstbewusst und deutlich sprechen und die Eltern des Partners mit »Herr« und »Frau« Sowieso anreden, solange sie von sich aus nichts anderes vorschlagen. Nicht versuchen, ihnen großartig und formvollendet höflich die Hände zu schütteln, es sei denn, das geht von ihnen aus. Dasselbe gilt für Umarmungen oder Küsse. Also mindestens einen Meter Abstand halten. Vorher das Handy ausschalten. Den Familienhund oder die Katze streicheln. Und es dem Partner überlassen, sich eine Exit-Strategie zu überlegen.

! *Eltern sind Kontrollfreaks*

Beispiele für größere persönliche Freiheit zitieren, wie sie Geschwistern gewährt wird, Vettern und Nichten, Freunden und Bekannten und überhaupt in der ganzen Nachbarschaft. Auf Belege in der Literatur, in Film, Funk und Fernsehen verweisen, dass die eigenen Ansprüche gerechtfertigt sind. Eltern vorschlagen, das Maß an Freiheit in kleinen Schritten zu vergrößern, etwa mit einer Verlängerung der Sperrstunde um fünfzehn bis zwanzig Minuten. Pünktlich wieder zu Hause sein – und bei den nächsten Verhandlungen eine Stunde herausschlagen. Taktisch klug in Etappen vorgehen – wie weit man damit kommt, werden sie erst merken, wenn die neue Freiheit zur Norm geworden ist.

! *Eltern sind peinlich*

Die Zeit, in der man in der Öffentlichkeit mit den Eltern gesehen wird, auf ein Minimum beschränken. Wenn es partout ein gemeinsames Essen sein muss, ein schlecht beleuchtetes Restaurant in einer abgelegenen Straße wählen, das die eigenen Freunde niemals besuchen würden. Bei gemeinsamen Spaziergängen immer ein paar Schritte vor oder hinter den Eltern gehen. Sollten plötzlich Kumpel oder

Klassenkameraden auftauchen, schnell in das nächstbeste Geschäft verschwinden und erst wieder herauskommen, wenn die Luft rein ist.

Eltern verweigern Führerschein

Den Eltern verkünden, dass man nun doch nicht mit dem Auto fahren wolle. Einen Führerschein zu machen sei doch reine Zeitverschwendung, weil man eh bald in eine Großstadt mit öffentlichem Nahverkehr umsiedeln werde. Auch die Erklärung, dass man seinen Teil für die Umwelt tun wolle, wird die Eltern freuen, man werde eben zu Fuß gehen, Rad fahren und Mitfahrzentralen nutzen. Gleichzeitig aber allen möglichen Freunden, die im Besitz eines Führerscheins sind, jeden Gefallen tun und zur Not bestechen, sodass sie immer bereitstehen, wenn man mal vier Räder braucht.

Kein Tanzpartner beim Abschlussball

Polonaise anfangen. Wenn die vorbei ist, sollte man auf Touren sein und leicht verschwitzt, als hätte man tatsächlich eine Weile getanzt. Wenn man sich jetzt wieder hinsetzt, denkt niemand mehr, dass man eigentlich nur einsamer Beobachter der ganzen Veranstaltung ist.

In der Schule beim Zettelschreiben erwischt

Nachricht sofort in den Mund stecken und runterschlucken. Der Lehrer darf gar nicht erst die Gelegenheit haben, den Zettel zu konfiszieren und die Botschaft laut vorzulesen. Es gibt auch so schon Ärger genug – da muss man nicht auch noch die Demütigung ertragen, dass die ganze Klasse mitbekommt, wem man was geschrieben hat.

Pfeiffer-Drüsenfieber

Fünfmal am Tag mit einer warmen Salzwasserlösung gurgeln, um die Halsschmerzen zu bekämpfen. Gegen Fieber und Gliederschmerzen Ibuprofen oder Paracetamol nehmen. Anstrengungen vermeiden, nichts Schweres heben und keinen Kontaktsport treiben. Viel Bettruhe, vor allem am Anfang, und reichlich trinken, aber nicht mit anderen aus demselben Glas, niemanden küssen, bis man vollständig kuriert ist, denn der Virus wird über den Speichel verbreitet. Die Symptome des Pfeiffer-Drüsenfiebers sind: Halsschmerzen, Gliederschmerzen, Fieber, allgemeine Mattigkeit, Lichtempfindlichkeit, eine angeschwollene Milz und Leber, geschwollene Drüsen am Hals, in der Achselhöhle und Leiste. Wenn der Arzt Drüsenfieber diagnostiziert hat und man einen stechenden Schmerz im linken Oberbauch spürt, sollte man sich sofort in einer Notfallambulanz melden: Es könnte sein, dass die Milz gerissen ist.

☞ ALS ERWACHSENER (SINGLE)

Whirlpool-Ausschlag

Juckreiz mit einer Hydrokortisonsalbe behandeln. Der Ausschlag heilt am besten, wenn er an der Luft trocknet; nicht mit einem Verband abdecken. Ursache ist ein Keim, der in verunreinigtem Wasser auftritt; die Symptome treten achtundvierzig Stunden nach dem Bad auf: stark juckende, rötliche Pusteln, aber auch Schmerzen im Rachen, Bindehautentzündung und Fieber. Solange die Krankheit nicht ausgeheilt ist, keine öffentlichen Bäder besuchen, nicht mit anderen das Handtuch teilen – der Ausschlag ist ansteckend. Nach dem Whirlpool-Besuch prophylaktisch immer mit Wasser und Seife abschrubben.

! *Kitzlig beim Schmusen*

Langsame Bewegungen und lieber etwas fester drücken als sanft streicheln – die Partnerin / der Partner wird dem Vorbild folgen. Oder: Hände des / der Liebsten dorthin lotsen, wo es nicht so kitzelt.

! *Schwitzige Handflächen*

Handflächen vor dem Ausgehen mit Talkumpuder oder Maisstärke bestäuben. Immer zwei gefaltete Taschentücher mit Reservepuder in den Taschen der Hose oder Jacke haben. Sobald man merkt, dass die Hände feucht werden, schnell in die Taschen langen und die Tücher mit einem kurzen kräftigen Griff kneten, als wollte man einen Schlüssel oder Wechselgeld greifen. Wenn das Problem anhält, ein spezielles Deodorant ohne Duftstoffe für Hände und Füße verwenden.

Beim Konzert in der Moshpit gelandet

Entspannen und locker bleiben, wenn man von der Menge zum »crowd surfing« angehoben wird. Arme ausgestreckt lassen. Spätestens am Ende des Songs steht man wieder auf den Füßen. Wenn man ungewollt in der Moshpit gelandet ist, Arme zum Schutz vor der Brust halten, leicht gebeugt, Handflächen nach außen, um die Pogo-Tänzer auf Distanz zu halten.

Versetzt

Nicht unterkriegen lassen und nicht den Humor verlieren. Mit dem Personal plaudern. Wenn man sich in einer Bar verabredet hatte, an die Theke setzen und mit anderen Gästen ein Gespräch anfangen. In einem Restaurant einen Blick in die Runde werfen, ob es weitere Tische gibt, an denen nur eine Person sitzt. Falls ja, zwanglos ansprechen und fragen, ob sie Gesellschaft haben möchte.

Date redet nur von dem / der Ex

Wenn einem die Person weiterhin als potenzieller Lebenspartner wichtig ist, verkünden, dass man fortan bei jeder Erwähnung der Ex / des Ex mit einer Aussage zu einem Thema antworten werde, das sie / ihn überhaupt nicht interessiert. Etwa so: »Ich hatte nie das Gefühl, dass sich Stefan mir gegenüber wirklich öffnen konnte.« Oder: »Wenn man beim 3er mit der großen Maschine ein Chip-Tuning macht, kriegt man noch einmal fünfzig PS mehr Leistung raus.« Kommt das aktuelle Date nicht längerfristig infrage, so tun, als hätte sich das Handy gerade im Vibrationsmodus gemeldet. Ein familiärer Notfall, der die sofortige Anwesenheit erfordert. Und Abgang.

Date zieht mit einer / einem anderen weiter

Sich an der Erkenntnis freuen, dass einem gerade drei bis zwölf Monate Trennungsprozess inklusive der typischen Begleiterscheinungen wie Liebeskummer, Reue und Selbstverachtung erspart geblieben sind. Sympathisch aussehende Singles in der Umgebung ansprechen und das Beste aus der Situation machen.

❗ *Date erwartet, immer eingeladen zu werden*

In teures Restaurant ausführen und die Begleitung nach Belieben bestellen lassen. Selbst nur die preiswerteste aller Vorspeisen ordern. Wenn das Date dann fragt, warum man nur so wenig essen möchte, ehrlich erklären, dass man sich das fürstliche Dinner nur für eine Person leisten könne. Sollte er oder sie einlenken und sich bereit erklären, die Hälfte der Rechnung zu begleichen, eine Hauptspeise bestellen und den Abend genießen. Bleibt ein Entgegenkommen aus, mit einem Gang zur Toilette entschuldigen. Das Restaurant verlassen und keinen Gedanken mehr an den Geizhals verschwenden.

❗ *Date hat es beim Parfüm / Rasierwasser übertrieben*

Taschentuch oder Serviette leicht anfeuchten und dem Gegenüber sagen, dass er oder sie einen kleinen Fleck am Hals hat. Dann mit dem Tuch so viel Parfüm wie möglich abtupfen. Wenn die Duftwolke trotzdem nicht verschwindet oder vom Handgelenk aufsteigt, hilft nur ein Ausflug in eine kühlere Umgebung – ein Besuch in einem klimatisierten Kino oder ein Nachtspaziergang. Die Wirkung von Parfüm und Rasierwasser verstärkt sich bei Hitze. Je kälter der Körper, desto schwächer der Duft.

☞ ALS ERWACHSENER (VERHEIRATET)

Hochzeitstag vergessen

Last-Minute-Flug auf eine tropische Insel buchen. Dann beim Überreichen der Tickets so tun, als wäre der »vergessene Hochzeitstag« nur ein Teil der Überraschung. Aber Vorsicht: Der Trick funktioniert nur einmal, und der Partner darf nie ein Sterbenswörtchen davon erfahren. Tapfer die nächste Kreditkartenabrechnung entgegennehmen – und den Jahrestag für immer im Gedächtnis einbrennen. Im Zweifelsfall hilft auch eine entsprechende Tätowierung.

Mangel an Romantik

Den Partner mit einer Zärtlichkeitsoffensive überraschen. Statt des üblichen flüchtigen Abschiedsbusserls einen leidenschaftlichen, langen Kuss. Oder Kerzen zum Abendessen, ein Schaumbad für zwei. Den Partner fragen, wie er das gemeinsame Liebesleben auf einer Skala von 1 bis 10 bewerten würde. Allein darüber zu reden sollte beide zufriedener und glücklicher machen. Wenn der Druck zu groß ist, den Mangel an Zärtlichkeit allein zu beheben, sich darauf einigen, dass man sich damit abwechselt, die Initiative zu ergreifen.

Stille am Esstisch

Den Partner bitten, einmal über »etwas ganz anderes« zu reden. Und dann eine offene Frage stellen, die Gedanken und Antworten provoziert, die man noch nicht kennt. Das könnte eine harmlose Frage sein wie: »Wenn du einen

Tag mit einem Star verbringen könntest, wen würdest du wählen?« Auch gut: »Womit hast du als Kind am liebsten gespielt?« Oder etwas schräger: »Stell dir vor, du wärst ein Gemüse – was wäre dir am ähnlichsten?« Mit ein wenig Vorstellungskraft und dem Wissen über den Partner sollte sich ein interessantes Gespräch ergeben.

Gemeinsamer Hauskauf

Separate Listen aufstellen, wie man sich das ideale Haus vorstellt – noch bevor man anfängt, nach Immobilien zu suchen. Darauf sollten dann simple Überlegungen auftauchen wie »Neubau versus Altbau«, »Geschäfte in der Nachbarschaft«, »Kneipe in Reichweite«, »gute Schulen«. Aber auch kontroverse Bedürfnisse wie »coole Nachbarschaft ohne Kinder« oder »so weit weg von den Eltern wie möglich« oder genau andersherum. Listen vergleichen und schauen, wo sich Schnittmengen ergeben. Das sind die Faktoren, die beim Hauskauf beiden wichtig sind.

Schwangerschaft überleben

Vier goldene Regeln einhalten:
1. Geduld beweisen. Die Schwangerschaft ist eine Zeit großer Emotionen – da kommt es gelegentlich zu kleineren oder größeren Ausbrüchen.
2. Hilfsbereitschaft signalisieren und öfter fragen: »Kann ich etwas für dich tun?« – »Soll ich deine Füße massieren?« Kontraproduktiv hingegen sind defätistische Ausrufe wie: »Warum tun wir uns das nur an?«
3. Vorbereiten: Bücher über die Schwangerschaft lesen,

aber auch über die Zeit danach – was kommt auf Eltern eigentlich zu?
4. Balance finden: In der neuen Konstellation nicht den Platz für die eigenen Wünsche und Bedürfnisse vergessen. Es entsteht eine Familie – aber das Individuum darf darüber nicht verloren gehen.

❚ *Von Kindern in flagranti erwischt*

Laut kreischen und unter der Bettdecke verstecken. Wenn das nicht reicht, um die Kinder zu verscheuchen, erklären, wie sehr sie Mami und Papi erschreckt haben und dass Kinder klopfen müssen, bevor sie zur Tür reinkommen. Wenn sie fragen, was man denn gemacht habe, sagen, dass so etwas nur Mütter und Väter dürfen und Vögel und Bienen, wenn sie sich besonders lieb haben.

❚ *Auseinandersetzung gewinnen*

Dem Partner rückhaltlos zustimmen, egal, worum es geht, und einräumen, dass die eigene (eigentlich vernünftigere) Position falsch war. Wenn er dann später nicht mehr im Streitmodus ist, versuchen, mit scheinbar unschuldigen Nachfragen den einen oder anderen Punkt zu klären. So lange nachhaken, bis er beginnt, seine Argumentation zu hinterfragen, und schließlich erkennt, welche Position ganz offensichtlich die richtige ist. Am besten ist es natürlich, wenn er das Gefühl hat, selbst zu dieser Erkenntnis gekommen zu sein. Dann einfach wieder zustimmen.

Partner / Partnerin schnarcht

Am Kissen ziehen, bis er / sie sich im Schlaf auf die Seite dreht. Oder selbst mit viel Schwung umdrehen, dass der Bettnachbar aus dem Tiefschlaf hochschreckt und sich zur Seite wendet. Wenn sanftere Methoden versagen, mit dem Ellbogen anstupsen oder sogar einen leichten Tritt versetzen. Ohrstöpsel helfen natürlich auch oder Kopfhörer mit aktiver Geräuschunterdrückung, sofern man auf dem Rücken schlafen kann. Dem Partner zureden, vor dem Schlafengehen weniger Alkohol zu trinken – der lässt einen nämlich noch stärker schnarchen.

Partner macht sich im Bett zu breit

Als Erster ins Bett gehen und schon mal einen Bereich abstecken, der größer ist als die Hälfte des Betts, indem man sich in Richtung Bettmitte positioniert. Der Partner muss es sich dann auf der verbleibenden Fläche bequem machen. Wenn er oder sie schläft, in die eigene Hälfte zurückziehen. Kissen oder Decken in die Bettmitte stopfen, um das eigene Territorium zu sichern.

☞ LEBENSMITTE

■ *Midlife-Crisis*

Bei emotionalem Durchhänger die genaue Ursache feststellen. Es ist völlig normal, dass man den bisherigen Lebensweg kritisch betrachtet und in vielen Dingen die Sinnfrage stellt, wenn man auf die vierzig zugeht. Auslöser einer solchen Existenzkrise können finanzielle Probleme sein, der Tod der Eltern, die simple Erkenntnis, dass man älter wird, aber auch der Kampf mit eigenen Kindern, die gerade in die Pubertät kommen, und schließlich dann ein bevorstehender Ruhestand oder das »Leeres-Nest-Syndrom«, sobald die Kinder ausziehen. Wenn um den vierzigsten Geburtstag herum das Verlangen aufkommt, den Partner zu verlassen oder den Job zu kündigen, oder man ein nicht altersgemäßes Auto fahren und entsprechende Klamotten tragen will, sind das sichere Anzeichen einer Midlife-Crisis. In einem solchen Fall unbedingt alle wichtigen Entscheidungen vertagen, bis man seine innere Balance wiedergefunden hat.

■ *An Zweistärkenbrille gewöhnen*

Brille in den ersten Wochen immer tragen, auch wenn sie nicht immer benötigt wird. Daran gewöhnen, nur die Augen zu bewegen und nicht den Kopf: Lesestoff dicht vor dem Körper halten und nur durch den unteren Teil der Brille schauen. Augenarzt oder Optiker genau informieren, für welche Art von Tätigkeit man die Brille braucht, damit die Sehbereiche entsprechend eingerichtet werden. Eine falsche Trennlinie zwischen Nah- und Fernbereich kann zu Unfällen führen – beim Autofahren, aber auch beim Treppensteigen oder Gehen auf unebenem Grund.

Bierbauch

Falsch

Richtig

Aufmerksamkeit des Betrachters vom Bauch ablenken.

Hitzewallungen

Scharf gewürzte Gerichte und koffeinhaltige Getränke vermeiden – beide sind bekannte Auslöser einer »fliegenden Hitze«, wie Hitzewallungen auch genannt werden. Gewicht halten und regelmäßig Sport treiben hilft ebenfalls. Nach dem Zwiebelprinzip mehrere Schichten übereinander anziehen, um den Körper bei der Regulierung der Temperatur zu unterstützen; eiskaltes Wasser trinken; Heizung runterdrehen, vor allem nachts, um Schweißausbrüche zu verhindern. Warme Pullover oder Fleecejacken wegpacken und darüber freuen, dass man in nächster Zeit nicht mehr über kalte Füße oder Hände klagen wird.

Haarausfall / Glatze

Stress reduzieren, gesund ernähren – mehr Eiweiß als Kohlenhydrate und Fett – und Vitamintabletten schlucken. Krankheit, Anspannung oder schlechte Ernährung können die Ursachen für vorübergehenden Haarausfall sein. Bei Frauen kommt es dazu vor allem nach einer Schwangerschaft oder wenn sie die Antibabypille absetzen. Einen deutlichen Verlust an Haaren können die Wechseljahre bringen. Dauerwellen, Perücken, Schals oder Hüte helfen, die Symptome zu verbergen. Bei Männern hilft nur: Bei ersten Anzeichen einer Glatze Haare mit der Maschine raspelkurz trimmen.

Graue Haare

Zum Friseur gehen und den coolsten Haarschnitt machen lassen, den man je gehabt hat. Auf keinen Fall das Grau wegfärben. Eine Aura von Erfahrenheit und Raffinesse ist das, was man jetzt braucht, und das sollte auch die Kleidung zeigen. Schwarz ist jetzt die angesagte Farbe, dazu Brillen mit einem dunklen Horngestell. Ein herzhaftes Lachen angewöhnen und vor aller Augen aus eleganten Magnum-Gläsern tintenschwarzen Rotwein nippen.

Das verflixte siebte Jahr

Trost in der Erkenntnis finden, dass es vielen Menschen genauso geht. Bei Paaren, die schon so lange zusammenleben, ist es völlig normal, dass sie auch mal solche holprigen Strecken durchstehen müssen. Auch das Gefühl von Unzufriedenheit oder Rastlosigkeit ist typisch für Menschen, die in einer Langzeitbeziehung stecken. Man muss dann die Routine aufbrechen, mal was anderes probieren. Neue Interessen suchen oder ein neues Hobby anfangen, um die Neugier des Partners (und natürlich auch die eigene) wieder zu wecken – und die Freude an der Entdeckung zu teilen.

Wenn einen plötzlich alle siezen

Präventiv selbst jeden siezen, dem man begegnet, bevor die andere Seite eine Chance hat, mit dem »Sie« herauszukommen. Man wird dann vielleicht etwas steif wirken, aber auf jeden Fall mit einwandfreien Manieren glänzen – auch wenn diese übertriebene Höflichkeit bei der jüngeren Generation im Dienstleistungssektor für einige Überraschung sorgen dürfte.

IM ALTER

Geschrumpft

Einlegesohlen kaufen, die einen größer wirken lassen, oder gleich auf Plateauschuhe mit einem großen Absatz umsteigen. Das Haar nach oben stylen und Hemden, Pullover und Jacken tragen, die ein wenig zu klein sind und mehr Handgelenk rausgucken lassen. Mit längs gestreifter Kleidung kann man die Illusion von Größe zusätzlich betonen. Ansonsten mit Gewichten trainieren und mehr Muskelmasse aufbauen, um die verlorene Länge zu kompensieren.

Borstige Ohren

Die lästigen Haare mit einem elektrischen Rasierer kurz halten oder, noch besser, mit einem speziellen Ohren- und Nasenhaar-Trimmer mähen. Auf keinen Fall versuchen, die

Haare mit der Schere zu schneiden; das Risiko, sich dabei ins Ohr zu piksen, ist einfach zu groß. Auch feste Rasierklingen taugen nicht; zu leicht wird die empfindliche Haut am Ohr verletzt.

Namen der Enkel vergessen

Geduldig darauf warten, dass die Kinder selbst wieder ihren Namen nennen, und dann unbedingt merken. Zur Not Spitznamen einführen, am besten solche, die sich von bestimmten Merkmalen oder Eigenschaften ableiten lassen und sich so leichter behalten lassen, wie »Pünktchen«, »Spatz«, »Frechdachs« oder »Engel«. Wenn man gar nicht mehr weiterweiß, geht als Anrede immer »Kleine« oder »Kleiner«. Was nicht so gut kommt: gemeine Spitznamen à la »Dicker«, »Mopsi«, »Barbie« oder »Muffel«.

Gebiss wackelt

Am besten vom Zahnarzt wieder neu anpassen lassen, meist hilft eine sogenannte Unterfütterung, um Veränderungen im Kiefer zu kompensieren. Eine perfekt sitzende Prothese schließt am Rand so gut ab, dass sie sich am Gaumen regelrecht festsaugt. Haftmittel können immer nur eine Notlösung sein. Wenn es nicht anders geht, auf dem trockenen Gebiss mit einer kleinen Menge Creme am Rand anfangen und dann langsam nach oben vorarbeiten, bis man den Punkt gefunden hat, wo sie den besten Halt hat.

Altersflecken

Gel auftragen, das Fruchtsäure enthält. Die Säure wirkt wie ein Peeling und trägt die obersten Hautschichten ab. In einer höheren Konzentration hilft ein solches Gel, die Flecken aufzuhellen. Sonst gilt: Hut tragen und Hemden mit langen Ärmeln – und immer mit einer Sonnencreme einreiben, die einen hohen Lichtschutzfaktor hat, um die Haut vor weiterem Schaden zu bewahren. Altersflecken kommen nämlich nicht vom Altern, es sind Veränderungen in der Haut, die über lange Zeit durch UV-Strahlung entstehen. Die Flecken sind harmlos, aber manche Formen von Hautkrebs sehen ähnlich aus, deshalb sollte man sie beim jährlichen Check-up vom Arzt untersuchen lassen.

Rückkopplungen im Hörgerät

Prüfen, ob das Hörgerät korrekt sitzt und die Lautstärke richtig eingestellt ist. Schals oder Mützen abnehmen, die das Ohr bedecken – sie können den Schall reflektieren und so die Rückkopplung verursachen. Das lästige Fiepen entsteht außerdem, wenn das Hörgerät nicht mehr richtig fest im Ohr sitzt, weil sich Gehörgang und Ohrmuschel im Laufe der Zeit verändert haben. Einen Termin beim Audiologen machen und das Gerät neu anpassen lassen.

Wohnmobil außer Kontrolle

In eine kontrollierte Schleuderbewegung lenken – aber das ist nur etwas für Fortgeschrittene. Sonst: kontrolliert und gleichmäßig bremsen, ein oder zwei Gänge runterschalten, um die Bremswirkung des Motors für sich arbeiten zu lassen. Wenn möglich, einen Anstieg nutzen, um die Fahrt zu verlangsamen. Warnblinker einschalten und vorsichtig rechts ranfahren. Wenn die reguläre Bremse nicht wirkt, mit der Handbremse nachhelfen, bis das Wohnmobil zum Stehen gekommen ist.

Hyperaktive Enkel hüten

Einen Wettbewerb im Luftanhalten ausrufen. Den Enkeln zeigen, wie sie sich mit einer Übung vorbereiten können: langsam und tief durch die Nase ein- und durch den Mund ausatmen. Ein paar Minuten sollten sie das schon durchhalten. Zum Entspannen durch ihre Haare streichen oder die Schultern sanft massieren. Wenn sie nach dem Luftanhalten immer noch völlig aufgedreht sind, müssen sie eben raus und im Garten Wettrennen abhalten – bis sie richtig schön müde sind.

Was tun mit der freien Zeit?

Hobbys von früher neu entdecken: Wer als Kind Fußball gespielt hat, sollte sich in der Nachbarschaft eine neue Lieblingsmannschaft suchen und deren Spiele regelmäßig verfolgen. Wenn es ein Jugendtraum war, Astronaut zu werden, ein gutes Teleskop besorgen und den Lauf der Sterne und Planeten beobachten. Es kommt darauf an, etwas zu finden, das einen kreativ fordert und gleichzeitig mit Befriedigung erfüllt – wie einen Garten pflegen, malen oder auch die ehrenamtliche Arbeit in einem Verein.

Bei den eigenen Kindern unterkommen

Die Kinder überzeugen, dass man weiterhin selbstständig und unabhängig sein wird. Hilfe anbieten, als Babysitter zum Beispiel, beim Kochen und im Haushalt. So viel wie möglich reisen, um den Kindern nicht im Weg zu sein. Sie sollen merken, dass man nicht einen Platz sucht, an dem man den Rest seiner Tage verbringen möchte, sondern dass man nur einen Stützpunkt braucht, von dem man zu diversen Exkursionen aufbrechen kann.

Altersheim finden

Ein Haus wählen, das einen noch fordert, körperlich wie geistig, damit man auch im hohen Alter noch so agil wie möglich bleibt. Vorab viel Zeit in den Heimen verbringen, die infrage kommen; ausführlich mit den Bewohnern reden, um ein Gefühl zu bekommen, wie der Laden funktioniert und was für eine Atmosphäre herrscht. Ein Heim, in dem der Fernseher die zentrale Freizeitbeschäftigung darstellt, geht natürlich gar nicht.

Begräbnis vorbereiten

Umsehen und Angebote vergleichen. Was hat einem an den Begräbnissen gefallen, die man im Laufe der Jahre gesehen hat, und was nicht? Liste von den Dingen aufstellen, die einem wichtig sind. Will man begraben werden oder eingeäschert? Soll Musik gespielt werden? Gibt es Worte oder Gedichte, die verlesen werden sollen? Für die Familie aufschreiben, wie man sich entschieden hat – die muss sonst raten, ob man einen Sarg aus Eiche, Buche oder Mahagoni gewollt hätte. Selbst entscheiden, solange man noch dazu in der Lage ist.

AUSGEWÄHLTE QUELLEN

American Academy of Allergy, Asthma and Immunology, National Allergy Bureau

American Academy of Otolaryngology (Hals-Nasen-Ohren-Heilkunde)

American Heart Association

American Optometric Association (Messung von Sehfunktion)

American Osteopathic College of Dermatology (Hautkrankheiten)

American Society for the Prevention of Cruelty to Animals

American Society of Plastic Surgeons (Plastische- und Schönheitschirurgie)

American Wildlife Foundation

Animal Management Inc.

Animals of Africa von Thomas B. Allen

Armed Forces Pest Management Board (Experten für Schädlingsbekämpfung bei der US-Armee)

AskDr.Sears.com (Onlineratgeber für Eltern)

Audiology Awareness Campaign (Aufklärung über Hörstörungen)

Auswärtiges Amt, Reisehinweise: http://www.auswaertiges-amt.de

Beaufort County Library, Beaufort, South Carolina

Berry Bros. & Rudd Ltd. (Weinhändler)

British Coatings Federation (britischer Fachverband für Druck und Farben)

British Horological Institute (Interessenvertretung der britischen Uhrenindustrie)

British United Provident Association (BUPA, Britisches Versicherungs- und Gesundheitsunternehmen)

California Tan (Hersteller von Sonnenschutz und Kosmetik)

Canadian Council on Animal Care (Rat, der ethische Standards für Tierversuche entwickelt)
The Cat Owner's Manual von Sam Stall und David Brunner
Centers for Disease Control and Prevention (US-Gesundheitsbehörde)
Certified Horsemanship Association (US-Fachverband für Reitschulen)
CoolNurse.com (amerikanisches Gesundheitsportal)
Cornell University Department of Crop and Soil Sciences (Pflanzenbau und Bodenkunde)
Delaware Division of Public Health (Gesundheitsbehörde im US-Bundesstaat Delaware)
Deutscher Eishockey Bund – das offizielle Regelbuch der IIHF
Deutsches Rotes Kreuz: Erste Hilfe online: http://www.drk.de
Diabetes Services Inc.
The Dog Owner's Manual von Sam Stall und David Brunner
DoItYourself.com (kalifornisches Onlineportal für Hobby-Handwerker)
Eco Living Center
eMedicine.com (amerikanische Gesundheitswebseite)
Epicurious.com (Rezepte online)
Europäisches Segel-Informationssystem: http://www.esys.org
FDA Consumer Magazine (Verbraucherinformationen der US-Lebensmittelüberwachungs- und Arzneimittel-Zulassungsbehörde)
Ferret News (Onlineportal für Halter von Frettchen)
Fodors.com (Online-Reiseführer)
Friseur-Fragen: Webseite der »Hairstyle community«: http://www.friseur-fragen.de

FSME-Bund Deutschland: http://www.bfbd.de
Genie of Fairview Door Co. (Hersteller von Garagentoren)
Gesellschaft für medizinische Prävention:
http://www.gpk.de
GlobalGourmet.com (Rezepte und Küchenfragen online)
GlobalSecurity.org (Onlinemagazin zum Themenkomplex Militär, Spionage, innere Sicherheit)
Good Housekeeping – Heloise Household Helpline (Onlinehilfe in Haushaltsfragen)
HealthTouch.com (Gesundheitsportal)
The Heimlich Institute (Webseite des Chirurgen Henry Heimlich, der den Erste-Hilfe-Handgriff bei drohender Erstickung entwickelt hat)
Hermit-crabs.com (Webseite für Halter von Einsiedlerkrebsen)
How to Behave von Caroline Tiger
Illinois Department of Health (Gesundheitsbehörde im US-Bundesstaat Illinois)
International Tennis Federation – das Regelwerk:
http://www.itftennis.com/technical/publications/rules/
Iowa State University Extension Answer Line (Verbraucher- und Familienberatung)
LlamaWeb.com (Webseite über das Llama)
Katzen-Forum: http://katzen-forum.de
Massachusetts General Hospital Burns Service (Webseite der Spezialisten für Brandverletzungen)
The Mayo Clinic (Betreiber der Mayo-Krankenhäuser in den USA)
McMaster University Campus Health Centre (Medizinische Fakultät der McMaster-Universität in Ontario, Kanada)

Medical College of Wisconsin HealthLink (Medizin-Portal der Universität von Wisconsin in Milwaukee)
Medicinenet.com (Gesundheitsportal)
Merck.com (Webseite des Pharmakonzerns)
Michigan State University Panda Habitat Research in China
Modern Ferret (Magazin für Halter von Frettchen)
National Ag Safety Database (Gesundheitsportal, speziell für Beschäftigte in der Landwirtschaft)
National Institute of Arthritis and Muscoskeletal and Skin Diseases (Arthritis-Institut in Bethesda im US-Bundesstaat Maryland)
National Institute of Neurological Disorders and Stroke (Experten für Neurologie und Schlaganfall-Behandlung)
National Pollen and Aerobiology Research Unit (Abteilung für Pollen und Aerobiologie der Universität Worcester in England)
National Safety Council (Prävention von Arbeitsunfällen)
Nemours Foundation (Non-Profit-Organisation, die Kinderkliniken betreibt)
Newport Beach Fire Department Community Emergency Response Team, Newport Beach, Kalifornien
North Dakota State University Extension Service (Aus- und Fortbildung, Schwerpunkt Landwirtschaft)
Ohio Health (gemeinnütziger Träger von Krankenhäusern im US-Bundesstaat Ohio)
Ontario Dental Association
Outwitting Poison von Susan Carol Hauser
Palo Alto Medical Foundation
Pawprints and Purrs (Tierschutzorganisation in Keithville, Louisana)
PetEducation.com (großes Haustier-Portal)

PopularMechanics.com (großes Heimwerker-Portal)
Portland Parks & Recreation, City of Portland, Oregon
Prevention.com (Gesundheitswebseite)
PsychologyToday.com
Robert Koch Institut: http://www.rki.de
Save the Rhino International (Nashorn-Schutzorganisation)
Silverado Vineyards (Weingut in Napa, Kalifornien)
South Florida Ferret Helpline (Telefon-Hotline für Frettchen-Halter)
State of Pennsylvania Department of Environmental Protection, Bureau of Deep Mine Safety (Behörde für Grubensicherheit)
Steven Tamaccio, Besitzer der Estitica Salons in Philadelphia
Terminix (kommerzielle Schädlingsbekämpfung)
Texas A&M University System Aggie Horticulture Network (Gartenbau-Netzwerk der A&M-Universität in College Station, Texas)
TheCarConnection.com (amerikanische Auto-Webseite)
ThisOldHouse.com (US-Webseite für Heimwerker)
Toronto Medical Laboratories and Mount Sinai Hospital, Department of Microbiology
U. S. Consumer Product Safety Commission (US-Verbraucherschutzbehörde)
U. S. Environmental Protection Agency (US-Umweltschutzbehörde)
U. S. Food and Drug Administration (US-Gesundheitsbehörde)
University of Illinois at Urbana-Champaign McKinley Health Center

University of Michigan Kellogg Eye Center (Augenheilkunde an der Universität von Michigan in Anne Arbor)

University of North Carolina Highway Safety Reserach Center (Institut für Verkehrssicherheit an der Universität von North Carolina, in Chapel Hill)

University of Pittsburgh Medical Center

WebMD.com (amerikanisches Gesundheitsportal)

WildlifeSafari.info (kommerzieller Anbieter von Safaris in Afrika)

WomansDay.com (Gesundheitstipps, Beziehungsratgeber)

REGISTER

F

G

H

L

M

N

O

P

☞ DIE AUTOREN

Joshua Piven macht sich gern und oft Gedanken über den Sinn des Lebens. Was ist unsere Rolle im Universum? Worum geht es eigentlich? Was ist der Plan? Und wie kriegt man Flecken weg, wenn man gekleckert hat? Wenn er nicht gerade solch tiefen Gedanken nachhängt, arbeitet er mit David Borgenicht an weiteren Büchern der *Überleben*-Reihe. Er lebt in Philadelphia.

David Borgenicht ist Schriftsteller, Redakteur und Adrenalin-Junkie – und ganz schön stolz darauf, dass er trotz seiner diversen Abenteuer noch am Leben ist. Zusammen mit Joshua Piven hat er alle Titel der *Überleben*-Reihe geschrieben. Er lebt ebenfalls in Philadelphia, mit seiner Frau und seinen Kindern, und hat sich vorgenommen, ewig zu leben. Bis jetzt läuft es, wie gesagt, ganz gut.

Brenda Brown arbeitet als Illustratorin und zeichnet Cartoons. Ihre Werke sind in vielen Büchern und Magazinen zu finden, neben den Titeln der *Überleben*-Ratgeber hat sie auch den *Esquire* verschönert, außerdem *Reader's Digest*, *USA Weekend*, *21st Century Science & Technology*, die *Saturday Evening Post* und den *National Enquirer*. Mehr zu ihrer Person und ihrer Arbeit finden Sie auf ihrer Website http://webtoon.com.

Olaf Kanter, Übersetzer der deutschen Ausgabe, ist Journalist und arbeitet im Politikressort von *Spiegel online*. Als Segler musste er früh lernen, mit kleineren und größeren Missgeschicken selbst fertig zu werden: Auf See kann man weder Experten um Rat fragen noch den Handwerker rufen – selbst ist der Mann. Er lebt in Hamburg.

☞ DANK

Josh dankt den üblichen Verdächtigen, seinem Koautor Dave, den Lektoren Melissa, Jay und Steve; Brenda für die Illustrationen und all den anderen Überlebenden dieser Reihe.

Dieses Buch, wie auch das Leben selbst, wäre nicht möglich ohne die harte Arbeit, Anteilnahme und gelegentliches Genörgel einer Vielzahl von Leuten. David bedankt sich in diesem Zusammenhang bei seinen Lektoren, Jay Schaefer, Steve Mockus und Melissa Wagner, Hersteller Frances J. Soo Ping Chow, Texter Piers Marchant, der Illustratorin Brenda Brown und allen bei Quirk Books und Chronicle Books. Das Leben wäre nichts ohne euch.